高等职业教育物业管理专业项目式教材 ‹

现代物业管理实务
习题及实训集

XIANDAI WUYE GUANLI SHIWU
XITI JI SHIXUNJI

主　编/叶昌建　张丹媚

副主编/周福亮　全　红

参　编/黄　璐　屈甜利　曾　山　张义斌　常　婷　陈　曦

主　审/贺云华

重庆大学出版社

图书在版编目(CIP)数据

现代物业管理实务习题及实训集／叶昌建，张丹媚
主编. -- 重庆：重庆大学出版社，2018.10
高等职业教育物业管理专业项目式教材
ISBN 978-7-5689-1325-6

Ⅰ．①现… Ⅱ．①叶… ②张… Ⅲ．①物业管理—高
等职业教育—教材 Ⅳ．①F293.33

中国版本图书馆 CIP 数据核字(2018)第 193020 号

高等职业教育物业管理专业项目式教材
现代物业管理实务习题及实训集
主 编 叶昌建 张丹媚
副主编 周福亮 全 红
策划编辑：范春青 林青山
责任编辑：李桂英 版式设计：范春青
责任校对：张红梅 责任印制：张 策
*
重庆大学出版社出版发行
出版人：易树平
社址：重庆市沙坪坝区大学城西路 21 号
邮编：401331
电话：(023)88617190 88617185(中小学)
传真：(023)88617186 88617166
网址：http://www.cqup.com.cn
邮箱：fxk@ cqup.com.cn(营销中心)
全国新华书店经销
重庆华林天美印务有限公司印刷
*
开本：787mm×1092mm 1/16 印张：5.5 字数：130 千
2018 年 11 月第 1 版 2018 年 11 月第 1 次印刷
印数：1—2 000
ISBN 978-7-5689-1325-6 定价：15.00 元

前言

现代物业管理从现代物业服务企业管理和运作的实际需要出发,强调现代物业管理服务效能的提升和物业资产价值的增值。本书为"现代物业管理实务"课程配套的习题及实训集,共设置组建物业服务企业、物业早期介入和前期物业管理、基础物业管理、物业服务企业财务管理和智能化物业管理5个项目,包括19套习题、7个实训任务。习题包括单选题、多选题、不定项选择题、判断题、填空题、计算题、简答题、论述题及案例分析题等题型(各任务根据情况选择设置),内容全面,具有一定的深度和广度,重视学生基本技能的掌握,有利于培养学生的综合能力。实训项目也紧贴岗位核心工作内容设置,应用性强。

本书结合现代物业服务企业常见工作任务,与企业一线管理工作结合紧密,内容安排从简单到复杂,从局部到完整,有利于学生全面提升现代物业服务企业管理的综合能力。

本书由重庆房地产职业学院叶昌建(物业管理专业带头人、高级经济师、国家注册物业管理师)和张丹媚担任主编,重庆房地产职业学院周福亮和广西南宁职业技术学院全红担任副主编,重庆房地产职业学院黄璐、屈甜利、曾山和广西南宁职业技术学院张义斌、常婷、陈曦参与编写。具体分工如下:项目一、项目二(任务一、任务二)、项目三(任务五、任务六)、项目五由叶昌建编写;项目二(任务三、任务四、任务五)由张丹媚编写;项目三(任务一)由全红编写;项目三(任务二)由曾山编写;项目三(任务三)由黄璐编写;项目三(任务四)由屈甜利编写;项目四由周福亮编写;全书实训项目由张义斌、常婷、陈曦共同编写。

重庆大学贺云华副教授对书稿进行了审阅,并提出了修改意见,在此表示感谢。

由于作者水平有限,书中难免存在不足之处,恳请读者批评指正。

编　者

2018 年 5 月

目　录

项目一
组建物业服务企业

项目目标：

了解物业和现代物业管理的概念；

理解物业和现代物业管理的特征；

熟悉物业服务企业成立的条件、程序；

熟悉物业服务企业的组织架构类型和内部机构设置；

掌握物业服务企业的资质管理；

掌握物业项目招投标程序；

了解投标策略和技巧。

任务一 现代物业与物业管理的认知

任务目标：

- 掌握物业的概念；
- 理解现代物业的自然属性和社会属性；
- 掌握现代物业管理的含义；
- 理解现代物业管理的特点；
- 认识国际和我国现代物业管理的发展现状及趋势。

一、单选题

1. 以下对物业服务企业的分类,不是按投资主体经济成分来划分的有(　　)。

A. 中外合资经营的物业服务企业　　　　B. 全民所有制物业服务企业

C. 物业管理集团公司下的子公司　　　　D. 集体与个人共同投资的物业服务企业

2. 物业服务企业是依法成立、具有专门资质并具有独立企业法人地位,依据物业服务合同从事物业管理相关活动的(　　)。

A. 法人　　　　B. 经济实体　　　　C. 企业单位　　　　D. 以上说法都不对

3. 下列选项中,不属于物业服务企业特征的是(　　)。

A. 独立的企业法人　　　　　　　　B. 属于服务性企业

C. 具有一定的公共管理性质的职能　　　　D. 具有行政管理职能

4. 物业服务企业的产品是(　　)。

A. 服务　　　　B. 管理　　　　C. 服务与管理并存　　　D. 以上说法都不对

5. 业界普遍认为,物业管理起源于 19 世纪 60 年代的(　　)。

A. 法国　　　　B. 日本　　　　C. 美国　　　　D. 英国

6. 我国物业管理是在城市房地产综合开发和(　　)制度改革背景下,通过实行住房商品化制度而逐渐发展起来的。

A. 物业　　　　B. 住房　　　　C. 产权　　　　D. 分配

二、填空题

1. 物业通常用来指称各类房屋建筑及其(　　　　),有的还包括周边场地、庭院等。

2. 物业管理是一个非常宽泛的概念,除了对(　　　　)等主要物业类型的管理之外,它还渗透工业厂房、货柜码头、隧道、桥梁、地铁、轻轨,各类文化、体育、艺术场馆(如美术馆、博物馆、展览馆、科技馆、影剧院),以及医院、学校、教堂、科研院所,甚至墓园、赌场等几乎所有物业类型之中。

3.物业管理在英国滥觞,并很快取得了很大成功。此后又陆续推广至(　　　　　)等发达国家和地区,以及英联邦范围内的一些经济较发达的国家和地区。

4.现代意义上的专业化物业管理,大体形成于(　　　　　)世纪末期的(　　　　　)。

5.物业管理的基本任务是为物业用户提供物业所辖区域内的(　　　　　),以及代表(　　　　　)与社会公用事业机构等保持业务联系,及时处理与物业有关的对外联系事务。

三、判断题

1.世界上第一个物业管理的行业组织是成立于1908年的"芝加哥建筑物管理人员组织"(Chicago Building Managers Organization,CBMO)。　　　　　(　　　)

2.第一个全美业主组织是"建筑物业主组织"(Building Owners Organization,BOO)。

(　　　)

3."国际建筑业主与管理者协会"(Building Owners and Managers Association,BOMA)是美国的一个地方性和区域性组织的全国联盟,代表业主、房东在物业管理关系中的利益。

(　　　)

4.中国香港的专业化物业管理模式源自美国,并根据香港本地的实际情况有所发展。

(　　　)

5.1866年,中国香港的物业管理业内人士发起成立了"英国皇家物业经理学会香港分会",在香港大力推广物业管理制度,并取得可喜成绩。　　　　　(　　　)

6.我国内地的物业管理起步较晚,其最早的发源地是20世纪80年代初期的深圳。

(　　　)

7.上海第一家专业的物业服务企业诞生于1991年,管理上海古北新区的高档居住物业楼盘。　　　　　(　　　)

8.2003年9月,国务院颁布了《物业管理条例》。　　　　　(　　　)

9.我国第一部物业管理地方法规源于深圳。　　　　　(　　　)

10.物业管理以提供物业用户私用部位设备、设施的维护修理,以及其他私人领域的服务为基本任务,兼顾物业公共区域、公共部位、共用设备、共用设施的维护等服务。(　　　)

四、简答题

1.简述现代物业管理的含义和特点。

2.如何理解现代物业管理是社会经济发展到一定阶段的产物?

任务二 物业服务企业的组织架构和机构设置

任务目标：

- 了解物业服务企业成立的条件和申报材料；
- 掌握一级资质物业服务企业的标准；
- 认识物业服务企业组织架构设计的要点、因素和程序；
- 掌握组织架构的类型；
- 了解物业服务企业内部机构的设置。

一、单选题

1. 物业服务企业注册资本的最低限额为(   )万元。

A. 10   B. 200   C. 300   D. 500

2. (   )组织形式适用于业务量较小的小型物业服务企业的初期管理。

A. 直线职能制   B. 直线制   C. 事业部制   D. 矩阵制

3. (   )组织形式,其员工受双重领导。

A. 直线职能制   B. 直线制   C. 事业部制   D. 矩阵制

4. 规模大、物业种类繁多、经营业务复杂多样的大型综合型物业服务企业可以采用(   )组织形式。

A. 直线职能制   B. 直线制   C. 事业部制   D. 矩阵制

5. 目前物业管理机构设置中普遍采用的一种组织形式是(   )。

A. 直线职能制   B. 直线制   C. 事业部制   D. 矩阵制

二、多选题

1. 物业服务企业在申请资质时,应持以下资料(　　)。

A. 营业执照和企业章程

B. 验资证明

C. 企业法定代表人的身份证明

D. 物业管理专业人员的职业资格证书和劳动合同、管理和技术人员的职称证明书和劳动合同

2. 关于物业服务企业的设立,以下说法正确的是(　　)。

A. 物业服务企业的设立程序分为工商注册登记和资质审批两个阶段

B. 物业服务企业的设立须向工商行政管理部门进行注册登记,这是根据《中华人民共和国公司法》的规定

C. 新设立的物业服务企业,在领取营业执照后要向当地工商主管部门申请资质,这是根据《物业服务企业资质管理办法》的规定

D.《中华人民共和国公司法》规定,科技开发、咨询、服务型有限责任公司最低限额的注册资本为 50 万元,物业服务企业作为服务型企业应符合此规定

3. 以下哪几种是物业服务企业的常见模式?(　　)

A. 房地产建设单位的附属公司　　　　B. 民营物业服务企业

C. 独立的物业服务企业　　　　　　　D. 集体所有制物业服务企业

4. 物业服务企业的组织形式主要有(　　)。

A. 直线制　　　　　　　　　　　　B. 直线职能制

C. 矩阵制　　　　　　　　　　　　D. 事业部制

5. 以下对物业服务企业描述正确的有(　　)。

A. 依法设立,以盈利为目的,承担独立责任的企业法人

B. 物业服务企业的产品就是服务,属于服务型企业

C. 其职能带有公共管理的性质

D. 具备专门资质,依据物业服务合同从事物业管理相关活动的经济实体

6. 关于事业部制物业管理组织形式,以下说法正确的是(　　)。

A. 事业部制是较为现代的一种组织形式,是产品种类复杂、产品差别很大的大型集团公司所采用的一种组织形式

B. 其主要特点:实行分权管理,将政策制定和行政管理分开;每个事业部都是一个利润中心,实行独立核算和自负盈亏

C. 其主要优点:强化了决策机制,使公司领导摆脱了繁杂的行政事务;能调动各事业部的积极性;促进了内部竞争;有利于复合型人才的考核培养

D. 主要缺点:机构人员较多,容易形成多头领导

7. 哪几个因素影响物业服务企业组织机构设置?(　　)

A. 企业资质　　　B. 企业战略　　　C. 技术　　　　　　D. 组织规模

8. 物业服务企业组织机构设置的要求是(　　)。

A. 按照企业资质设置

B. 按照企业规模、任务设置

C. 按照统一领导、分层管理的原则设置

D. 按照企业注册资本设置

9. 物业服务企业的分类,按投资主体的经济成分来划分的有( )。

A. 中外合资经营的物业服务企业

B. 全民所有制物业服务企业

C. 物业管理集团公司下的子公司

D. 集体与个人共同投资的物业服务企业

10. 物业服务企业的职能机构主要包括人力资源部、行政管理部、品质管理部、财务部、经营管理部、工程管理部、安全管理部、环境管理部。品质管理部的主要职责包括( )。

A. 客户服务监督管理

B. 制订和分解企业经营计划和经营目标

C. 维护企业质量管理体系的正常运行

D. 建立相关规章制度、管理目标和工作标准

三、简答题

某公司有意向成立一家物业服务企业,假如你是行政经理,请写出该企业设立的程序。(提示:设立程序分为工商注册登记和资质审批两个阶段。)

任务三 物业管理招标和投标程序

任务目标：
- 掌握物业管理招标和投标的含义；
- 掌握物业管理招标的方式和程序；
- 掌握物业管理投标的程序；
- 熟悉物业管理招标策略和技巧。

一、单选题

1. 物业管理招标，是物业管理服务产品预购的一种方式，即由物业的建设单位、业主大会或物业所有权人根据（　　），制订符合其管理服务要求和标准的招标文件，由多家物业服务企业或管理公司参与竞标，从中选择最符合条件的竞标者，并与之订立物业管理服务合同的一种交易行为。

A. 相关法规的要求　　　　　　　B. 物业管理费的多少

C. 物业服务企业的实际能力　　　D. 物业管理服务

2. （　　）负责物业管理的招标组织工作。

A. 建设单位　　　B. 施工单位　　　C. 物业产权人　　　D. 监理单位

3. 根据物业管理项目的服务内容和招标人的不同，可以将物业管理投标分为（　　）招标等类型。

A. 整体物业管理项目、单项服务项目、分阶段项目

B. 单一招标、综合招标、分块招标

C. 专项招标、整体招标、分区招标

D. 专业招标、综合招标、分区招标

4. 物业项目招标，按物业项目的服务方式可划分为（　　）。

A. 整体项目招标、专项服务招标

B. 全权管理项目招标、顾问项目招标

C. 专业招标、综合招标

D. 单项招标、整体招标

5. 物业管理招标方式分为（　　）。

A. 公开招标、议标　　　　　　　B. 邀请招标、议标

C. 公开招标、邀请招标　　　　　D. 议标、评标

6. 前期物业管理阶段是指（　　）。

A. 物业开发设计、施工建设、竣工验收

B. 从入住到业主大会选聘物业服务企业承担日常管理前

C. 从物业开发设计到业主入住

D. 从竣工验收到业主大会选聘物业服务企业承担日常管理前

7. 物业服务企业在确定参与招标活动后,应在(　　　)的基础上制订切实可行的物业管理方案。

A. 分析投标项目及周边其他项目基本情况

B. 分析投标项目的基本情况,拟订物业管理成本

C. 分析投标项目的基本情况,确定物业管理服务

D. 分析投标项目基本情况,确定物业管理模式

8. 居住型物业管理服务的重点是(　　　)。

A. 基础性的物业管理服务　　　　　　　　B. 特约服务

C. 经营管理　　　　　　　　　　　　　　D. 紧急事件的预防和处理

9. 招标人在发布招标公告或投标邀请函的(　　　)日内必须提交与招标项目和招标活动有关的资料,向项目所在地的县级以上地方人民政府房地产行政主管部门备案。

A. 7 日　　　　　　B. 10 日　　　　　　C. 15 日　　　　　　D. 30 日

10. 按照《物业管理条例》和《前期物业管理招标投标管理暂行办法》的规定,投标人少于(　　　)或者住宅规模在(　　　)以下,经有关方面同意可以采用协议方式选聘具有相应资质的物业服务企业。

A. 2 个,2 万平方米　　　　　　　　　　B. 3 个,2 万平方米

C. 3 个,3 万平方米　　　　　　　　　　D. 2 个,3 万平方米

11. 组建评标委员会,人数一般为 5 人以上单数,其中招标人代表以外的物业管理方面的专家人数不得少于成员总数的(　　　)。

A. 1/2　　　　　　B. 2/3　　　　　　C. 3/4　　　　　　D. 4/5

12. 在物业招标程序中,紧接在公布招标公告后的工作是(　　　)。

A. 编制招标文件　　　　　　　　　　　　B. 投标申请人的资格预审

C. 发放招标文件　　　　　　　　　　　　D. 接受投标文件

13. 物业管理招标的环节有:①编制招标文件;②接受投标文件;③投标申请人的资格预审;④发放招标文件;⑤成立招标领导小组;⑥成立评标委员会;⑦开标、评标、中标;⑧公布招标公告。其正确的顺序是(　　　)。

A. ⑤①④⑧③②⑥⑦　　　　　　　　　　B. ⑤①⑧④③②⑥⑦

C. ⑤①⑧④⑥②③⑦　　　　　　　　　　D. ①⑤⑧④③②⑥⑦

14. 在物业管理投标过程中,获得招标信息之后应进行的工作是(　　　)。

A. 项目评估与风险防范　　　　　　　　　B. 登记并取得招标文件

C. 准备投标文件　　　　　　　　　　　　D. 送交投标文件

15. 下列住宅项目必须通过招投标方式选聘物业服务企业的是(　　　)。

A. 面积为 3 万平方米　　　　　　　　　　B. 面积为 5 万平方米

C. 面积为 8 万平方米　　　　　　　　　　D. 面积为 20 万平方米

16. 招标人应当在投标有效期截止时限( )日前确定中标人。

A. 15　　　　　B. 20　　　　　C. 30　　　　　D. 7

17. 招标人应当自确定中标人之日起( )日内,向物业项目所在地的县级以上地方人民政府房地产行政主管部门备案。

A. 15　　　　　B. 7　　　　　C. 20　　　　　D. 30

18. 公开招标的物业管理项目,自招标文件发出之日起至投标人提交投标文件截止之日止,最短不得少于( )日。

A. 20　　　　　B. 15　　　　　C. 30　　　　　D. 7

19. 采用邀请招标方式的,至少应该邀请( )家物业服务企业。

A. 5　　　　　B. 7　　　　　C. 4　　　　　D. 3

二、多选题

1. 物业管理招标的方式有( )。

A. 公开招标　　　B. 邀请招标　　　C. 有限竞争性招标　　D. 议标

2. 物业管理招标投标的基本原则是( )。

A. 物业管理招标由招标人依法组织实施

B. 在评标委员会的组织、开标、答辩、记分、评标、定标等程序和方法上,应当严格遵循相关法律和招标文件的要求,公正对待每一家投标单位

C. 招标投标活动中的条件、程序、方法、过程、结果及相关信息保持公开

D. 在物业管理招标过程中,招标投标双方应该严格按照招标投标的程序要求和相关法律规范实施招标投标活动,实事求是,信守诺言

3. 物业管理招标投标的基本要求是( )。

A. 参与招标投标双方的活动都应符合相关的法律、法规,即合法性

B. 在物业管理招标投标过程中,双方都应充分考虑市场要素,即适应性

C. 招标投标活动中的条件、程序、方法、过程、结果及相关信息保持公开,即公开性

D. 招标方应根据项目的实际情况和业主需求选择物业服务企业,投标方应根据项目的实际情况和业主需求制订物业管理模式,即响应性

4. 物业管理招标投标的法律依据是( )。

A.《物业管理条例》

B.《前期物业管理招标投标暂行办法》

C.《中华人民共和国招标投标法》

D. 招标方的有关规定

5. 物业管理方案中体现物业服务企业管理理念、管理优势和企业综合竞争实力的关键性内容包括( )。

A. 项目的整体设想与构思　　　　　B. 组织架构与人员配置

C. 费用测算与成本控制　　　　　　D. 工作目标和计划

6. 物业管理方案的实质性内容包括( )。

A. 服务承诺　　　　　　　　　　B. 人员培训及管理

C. 早期介入及前期物业管理服务　　　　D. 工作计划

7. 物业管理服务模式包括(　　)。

A. 组织架构的设置　　　　　　　　B. 客户定位

C. 服务需求定位　　　　　　　　　D. 经营服务模式确定

8. 商用类型的写字楼、综合性商业物业管理服务的重点和难点主要有(　　)。

A. 经营　　　　　　　　　　　　　B. 设施设备管理

C. 安全　　　　　　　　　　　　　D. 共用设施设备无故障地正常运行

9. 政府物业管理的特殊性主要体现在(　　)。

A. 维护政府的形象　　　　　　　　B. 设备设施管理

C. 会议接待　　　　　　　　　　　D. 安全和保密管理

10. 物业管理投标文件除按规定格式要求响应招标文件外，最主要的内容还有(　　)。

A. 物业服务企业　　　　　　　　　B. 物业管理服务

C. 物业管理费用　　　　　　　　　D. 物业服务企业规章制度

11. 物业管理招标的主体主要有(　　)。

A. 建设单位　　B. 业主大会　　C. 物业产权人　　D. 物业使用人

12. 物业管理招标投标的特点主要有(　　)。

A. 综合性　　B. 公正、合理性　　C. 公开、公平性　　D. 特殊性

13. 下列属于常规物业管理招标内容的有(　　)。

A. 客户管理、客户服务和便民措施　　B. 精神文明建设

C. 物业的租赁经营　　　　　　　　D. 参与物业的竣工验收

14. 物业管理投标的主要风险来自(　　)。

A. 政府相关单位　　　　　　　　　B. 招标人

C. 招标物业　　　　　　　　　　　D. 投标人

15. 物业风险的防范与控制的具体措施有(　　)。

A. 严格按照相关法律法规的要求参与投标活动

B. 对项目进行科学合理的分析、评估

C. 完善企业自身的管理

D. 选择信誉良好的招标方和手续完备、盈利优势明显的物业

三、案例分析题

1. 假如你是一家物业服务企业的管理人员，由你负责对一家正在公开招标的住宅小区项目进行投标。请问：

①你将按怎样的程序开展投标工作？你的标书中的主要内容有哪些？

②物业管理招标投标的基本要求和基本原则是什么？

③在物业管理投标活动中，对投标项目评估应考虑哪几个方面的因素？

2.假如你是某物业服务企业的管理人员,由你负责制订某项目的物业管理方案。请问物业管理方案应包括哪些内容?

【实训任务】组建物业服务企业

假如你是职业经理,负责组建计划接管两个面积为 30 万平方米的商品房(中等偏高端)居住小区项目的物业服务企业。按上级领导的要求:成立之初的组织机构设置要考虑公司的发展要求,要贯彻 ISO 9001 质量管理标准。请按直线职能制组织形式的思路,设立公司的职能部门并确定各部门的职责和人数(完成表 2)。[提示:请参阅物业服务企业部门人员参考表(表 1)。]

表1　物业服务企业部门人员参考表

序　号	部　门	物业面积/m²	参考劳动定额
1	物业管理处	多层 <5 万	每人监护 2 500 ~ 3 000 m²
		多层 5 万 ~ 10 万	每人监护 3 000 ~ 3 500 m²
		多层 10 万 ~ 30 万	每人监护 3 000 ~ 4 000 m²
		高层住宅、写字楼 <5 万	每人监护 2 000 ~ 2 500 m²
		高层住宅、写字楼 5 万 ~ 10 万	每人监护 2 500 ~ 3 000 m²
		高层住宅、写字楼 10 万 ~ 30 万	每人监护 2 500 ~ 3 500 m²
2	安保部	每 4 000 ~ 6 000	3 人（三班制）
3	工程部	每 8 万 ~ 10 万	8 ~ 10 人
4	保洁部	每 4 000 ~ 6 000	1 人
5	绿化部	室外绿化:每 6 000(绿地面积)	1 名绿化工
		室内绿化:每 20 000(建筑面积)	1 名绿化工
6	客服部	<5 万	1 名客服人员
		5 万 ~ 10 万	2 名客服人员
		10 万 ~ 15 万	3 名客服人员
		以后每增加 10 万	增设 1 人

表2　组建物业服务企业实训表

物业服务企业名称	
企业注册资金/万元	
企业资质等级	
企业经营理念	
企业组织架构图及各部门职责(按直线职能制设置)	

项目 内容	管理处一基本概况	管理处二基本概况
名称		
位置		
占地面积		
建筑面积		
容积率		
绿化率		
户型		
户数		
管理处项目组织安排图和相应人数		

项目二
物业早期介入和
前期物业管理

项目目标：

掌握早期介入的概念、作用和工作内容；

熟悉物业早期介入的各个阶段及工作要点；

掌握物业承接查验的目的、作用、内容、方法；

熟悉物业承接查验的实施和注意事项；

掌握新旧物业承接查验的区别；

掌握物业承接查验的相关法律、法规；

掌握前期物业管理、入住管理、装修管理、物业档案管理的主要内容；

理解前期物业管理与物业早期介入的区别；

熟悉入住与装修管理的流程；

掌握物业档案管理。

任务一　物业早期介入的主要内容和意义

任务目标:

- 掌握物业早期介入的含义;
- 了解物业早期介入的意义;
- 熟悉物业早期介入的工作内容。

一、不定项选择题

1. 物业项目早期介入的主要服务对象是(　　)。

A. 规划设计单位　　B. 建设单位　　　　C. 施工企业　　　　D. 监理单位

2. 下列对于早期介入说法不正确的是(　　)。

A. 可以完善项目的设计缺陷　　　　B. 可以减少不必要的投资成本

C. 可以杜绝建设销售过程中存在的问题　　D. 可以提高项目的开发效益

3. 物业服务项目早期介入的方式包括(　　)。

A. 专业驻场　　　B. 过程监控　　　　C. 图纸会审　　　D. 市场调研

4. 下列各项属于早期介入营销策划阶段内容的有(　　)。

A. 根据物业产品类型、目标客户群的定位确定物业服务的模式

B. 拟订物业服务各项费用的收费标准及收费方法,协助各项手续的报批

C. 熟悉并记录基础及隐蔽工程、管线的铺设情况,特别注意那些在设计资料及常规竣工资料中未反映的内容

D. 协助建设单位起草并确定"前期物业服务合同"和"临时管理规约"

5. 物业服务企业参与(　　),主要是为了掌握验收情况,收集存在的工程质量、功能配套以及其他方面存在的遗留问题,为下一步的物业承接查验作准备。

A. 竣工验收　　　B. 公共设施验收　　　C. 前期物业管理　　D. 早期介入

6. 物业管理早期介入是建设单位引入的(　　)。

A. 设计工作　　　B. 工程监理工作　　　C. 开发建设工作　　D. 物业服务咨询活动

7. 要做好对物业及其配套设施设备的运行管理和维修养护,物业服务企业必须了解的情况包括(　　)。

A. 建筑结构　　　B. 管线走向　　　　C. 设备安装　　　D. 施工队伍

8. 物业服务企业早期介入参与的竣工验收包括(　　)。

A. 单项工程竣工验收　　　　　　B. 分期竣工验收

C. 大型市政工程竣工验收　　　　D. 综合竣工验收

9.下列属于早期介入建设阶段的内容有(　　)。

A.与建设单位就施工过程中的问题共同磋商,及时提出并落实整改方案

B.跟进设施设备的安装调试,了解设施设备的使用功能和操作要求,并收集相关的技术资料和文件

C.熟悉并记录基础及隐蔽工程、管线的铺设情况

D.整理并全面完成物业管理方案

10."掌握验收情况,收集工程质量、功能配套以及其他方面存在的遗留问题"是物业管理早期介入(　　)的方法和要点。

A.建设阶段　　　　B.营销策划阶段　　　　C.规划设计阶段　　　　D.竣工验收阶段

二、简答题

1.物业管理早期介入分为哪五个阶段?

2.简述可行性研究阶段的工作内容和要点。

3.简述规划设计阶段的工作内容和要点。

4.简述营销策划阶段的工作内容和要点。

三、案例分析题

1.某物业项目建筑面积超过 50 万平方米,属于多层、中高层住宅物业,项目分三期建设,该项目申报了国家安居示范工程小区,是市级重点工程。为了把这个项目建设好、经营

好,建设单位聘请了有经验的乙物业服务企业负责该项目的早期介入工作。请回答:

(1)早期介入的含义是什么?

(2)早期介入有什么重要作用?

(3)乙物业服务企业的工作内容是什么? 请制订一份工作计划。

(4)项目早期介入有哪些注意事项?

2. K 建设单位有一个物业项目,占地约 40 万平方米,建筑面积约 50 万平方米。为了提高项目质量,K 建设单位与 M 物业服务企业签订了合同,请其帮助解决前期物业服务问题,请回答:

(1)项目早期介入的风险评估内容有哪些?

（2）早期介入合同的主要内容有哪些？

（3）项目早期介入时发现问题如何处理？

任务二 物业承接查验的实施和注意事项

任务目标：
- 理解物业承接查验的概念；
- 掌握新建物业承接查验的流程；
- 了解物业管理机构更迭时物业承接查验的流程。

一、单选题

1. 以下选项中不涉及承接查验的法律法规是（　　）。

A.《物业管理条例》

B.《物业承接查验办法》

C.《新建物业项目承接查验技术标准》

D.《房屋建筑工程和市政基础设施工程竣工验收暂行规定》

2. 下列不属于承接查验和收集物业接管验收合同资料的是（　　）。

A. 工程承包合同

B. 共用设施设备清单及其安装、使用和维护保养等技术资料

C. 供水、供电、供气、供热、通信和有线电视等准许使用文件

D. 绿化外包合同

3. 新建房屋承接查验，接管单位按接管验收条件和应提交的资料逐项进行审核，对具备条件的应在（　　）内签发验收通知并约定验收时间。

　　A. 10 日　　　　　　　B. 15 日　　　　　　　C. 20 日　　　　　　　D. 30 日

4.对设备进行现场试验,检查是否运行正常,如消防报警联动系统是否正常,属于接管验收检验方法中的(　　)。

　　A.仪器验收　　　　　　　　　　B.使用验收

　　C.试验验收　　　　　　　　　　D.对比验收

5.下列不属于物业服务企业承接查验内容的是(　　)。

　　A.建筑物的基础、承重墙体、柱、梁、楼板等

　　B.电梯、水泵、水箱、避雷设施、消防设备楼道灯等设备

　　C.道路、绿地、人造景观、围墙大门、化粪池、停车场等共用设施

　　D.依法移交有关单位的供水、供电、供气、供热、通信和有线电视等共用设备设施

6.在新建物业承接查验中,物业管理查验的主要方式是(　　)。

　　A.感官查验　　　　　　　　　　B.核对查验

　　C.使用查验　　　　　　　　　　D.检测查验

7.在新建物业承接查验中,物业服务企业对物业进行查验之后将发现的问题提交(　　)处理。

　　A.监理单位　　　　　　　　　　B.业主

　　C.建设单位　　　　　　　　　　D.项目负责人

8.在新建物业承接查验中发现的问题,不属于一般处理程序的有(　　)。

　　A.收集整理存在问题

　　B.处理方法(由建设单位提出处理方法,物业服务企业可提出相应整改意见)

　　C.跟踪验证

　　D.负责监控整改质量

9.物业承接查验的主要步骤包括:①签订物业承接查验协议;②查验共用部位、共用设施设备;③确认现场查验结果;④确定物业承接查验方案;⑤移交有关图纸资料;⑥办理物业交接手续;⑦解决查验中发现的问题。以下顺序正确的是(　　)。

　　A.①④②⑤③⑦⑥　　　　　　　　B.②③①④⑤⑥⑦

　　C.④⑤②⑦③①⑥　　　　　　　　D.①③②⑥④⑤⑦

10.物业共用设施设备查验项目主要包括(　　)。

　　①高低压配电系统、电气照明系统

　　②防雷与接地系统、电梯系统

　　③给排水系统、消防水系统、火灾报警及消防联动系统

　　④排烟送风系统

　　⑤安防系统、采暖和空调系统

　　⑥房屋结构设计是否合理

　　A.①②③　　　　　　　　　　　B.①②③④

　　C.①②③④⑤　　　　　　　　　D.①②③④⑤⑥

二、多选题

1.新建房屋承接查验应提交的资料有(　　)。

A. 产权资料

B. 政府部门验收合格资料

C. 工程技术资料、配套设施及共用设施设备资料

D. 前期物业服务合同

2. 下列属于房屋本体承接查验关注要点的是（　　　）。

A. 外立面查验

B. 顶棚查验

C. 业主房屋内设备设施的查验

D. 楼、地面查验

E. 门窗墙面查验

3. 项目承接查验中相关记录表格有（　　　）。

A. 工作联络单

B. 设备设施巡检记录表

C. 物业承接查验记录表

D. 物业工程质量问题统计表

E. 楼宇资料移交清单

F. 钥匙交接记录表

4. 物业承接查验的分类包括（　　　）。

A. 新建物业承接查验

B. 物业拆迁时的承接查验

C. 物业管理机构终止时的承接查验

D. 物业管理机构更迭时的承接查验

E. 业主大会决定由专业机构承接查验

5. 物业承接查验的具体方法有（　　　）查验。

A. 观感　　　　　　B. 使用　　　　　　　C. 检测

D. 试验　　　　　　E. 对比

6. 建设单位应当向物业服务企业移交的资料有（　　　）。

A. 建设单位与施工单位签订的施工合同

B. 共用设施设备清单及其安装、使用和维护保养等技术资料

C. 供水、供电、供气、供热、通信、有线电视等准许使用文件

D. 竣工总平面图，单体建筑、结构、竣工图，配套设施地下管网竣工图

E. 物业质量保修文件和物业使用说明文件，承接查验所必需的其他资料

7. 物业接管验收的四个要点是（　　　）。

A. 反复验收　　　B. 严谨查验　　　C. 反馈及时　　　D. 验收全面　　　E. 科学验收

三、判断题

1. 新建物业承接查验期档案的索取对象是施工单位。　　　　　　　　　　　　　（　　　）

2. 物业交接后，发现隐蔽工程质量问题影响房屋结构安全和正常使用的，建设单位应当

负责修复。 　　　　　　　　　　　　　　　　　　　　　　　　　（　　　）

3.建设单位可以按物业交付期满为由,要求物业服务企业承接未经查验的物业。

（　　　）

4.承接查验工作应当形成书面记录,交接记录应当由建设单位和物业服务企业共同签章确认。 　　　　　　　　　　　　　　　　　　　　　　　　　（　　　）

5.电梯底坑应平整、整洁,设置自动排水系统,电梯底坑在小区发生内涝时还可作为积水坑使用。 　　　　　　　　　　　　　　　　　　　　　　　　　（　　　）

四、简答题

1.竣工验收与承接查验的区别是什么?

2.承接查验的作用和意义是什么?

3.项目承接查验注意的问题有哪些?

五、案例分析题

"楼道、电梯、路灯、大门等出现问题的时候,物业总是告诉我们,这是共用部位、共用设施设备,是属于小区全体业主的,要全体业主出钱来维修。"小区业主张先生说,"物业收钱的时候说是要维修这、维修那,这部分钱是不是就用在维修上面了呢?属于全体业主的部分具体是什么?""我们在验收的时候是按照相关规定来查验的,但是在查验共用部位、共用设施设备的时候,还是会有检查不到的地方",小区物业负责人说。

应如何理解小区物业负责人所说的问题?通过物业承接查验办法中的规定阐述自己的观点。

任务三　前期物业管理认知

任务目标：
- 掌握前期物业管理的概念；
- 了解前期物业管理的特点；
- 掌握前期物业管理和早期介入的区别；
- 掌握前期物业管理的主要内容；
- 了解前期物业管理的意义。

一、单选题

1. 物业在施工建设阶段的介入时间主要在项目土建工程的尾声，即在设备、门窗安装阶段，大致在竣工验收前（　　　）个月。

A. 5　　　　　　　　B. 6　　　　　　　　C. 7　　　　　　　　D. 8

2. 建筑物的照明电气、上下水管线安装工程保修期限常为（　　　）个月。

A. 5　　　　　　　　B. 6　　　　　　　　C. 7　　　　　　　　D. 8

3. 一般住宅区内，高层建筑中每层楼的消防栓（箱）内均应配置（　　　）瓶灭火器。

A. 1　　　　　　　　B. 2　　　　　　　　C. 3　　　　　　　　D. 4

4. 前期物业管理的终点是（　　　）。

A. 业主入住完毕　　　　　　　　　　　　B. 业主大会成立

C.业主大会选聘新的物业服务企业　　　　D.物业竣工

5.前期物业服务合同的主要内容包括合同的当事人、物业基本情况、服务费用、物业的经营与管理等。对于服务内容与质量来说,下列不属于服务主要内容的是(　　)。

A.车辆停放管理　　　　　　　　　　B.物业装饰装修管理服务

C.物业用房管理　　　　　　　　　　D.安全防范的协助管理

6.前期物业服务应达到(　　)的质量标准。

A.国家规定　　　　　　　　　　　　B.省、市规定

C.合同约定　　　　　　　　　　　　D.业主要求

7.前期物业管理最明显的特点是(　　)。

A.管理服务呈现波动和不稳定状态

B.经营收支一般呈现收支不平衡和亏损状态

C.沟通与协调

D.前期物业管理的特定内容是以后常规物业管理的基础

8.物业建设单位与物业服务企业在前期物业管理阶段为确定双方的权利与义务所达成的协议是(　　)。

A.前期物业服务合同　　　　　　　　B.物业服务合同

C.咨询服务合同　　　　　　　　　　D.物业管理合同

9.在前期物业管理过程中,需要不断进行调整的具体内容不包括(　　)。

A.物资配备到位　　　　　　　　　　B.物业管理人员到位

C.服务规范到位　　　　　　　　　　D.管理用房到位

10."加强内部管理和磨合,形成良好的管理团队"是指(　　)方面的内容。

A.物业管理人员到位　　　　　　　　B.物资配备到位

C.管理用房到位　　　　　　　　　　D.服务规范到位

11.关于前期物业服务合同特点的说法,错误的是(　　)。

A.前期物业服务合同由建设单位和物业服务企业签订

B.前期物业服务合同属于书面合同

C.前期物业服务合同的有效期须为3~5年

D.前期物业服务合同属于附终止条件的合同

12.物业服务合同或前期物业服务合同的终止,将导致提供物业管理服务的(　　)发生变化。

A.质量　　　　B.性质　　　　　C.功能　　　　　D.主体

13.不属于签订前期物业服务合同应注意的事项是(　　)。

A.物业的承接验收　　　　　　　　　B.物业管理咨询费用

C.物业服务的费用　　　　　　　　　D.前期物业服务合同的解除或终止

二、填空题

1.前期物业管理与早期介入的不同点在于(　　　),(　　　),(　　　),(　　　)。

2.前期物业管理的主要内容有(　　　),(　　　),(　　　),(　　　),

(   ),档案资料的建立。

3.带业主或使用人实地验收物业时,着重勘验(   )、(   )、(   )、外部环境状况及影响。

4.前期物业管理阶段,形成了开发企业、受托的物业服务企业以及业主三个权利主体共存的(   )关系。其中,开发商与业主为买卖关系,开发商与物业服务企业是(   )关系,物业服务企业与业主是(   )关系。

三、简答题

1.什么是前期物业管理?前期物业管理具有哪些特点?

2.前期物业服务合同与物业服务合同的主要区别是什么?

四、案例分析题

在前期物业管理阶段,一商品房小区开发商将未出售的房子租给了一批外来人员使用。虽然这些外来人员已获治安管理许可证,但还是给该小区居民的正常生活带来不少麻烦,如在小区内乱设摊卖蔬菜,弄得小区满地垃圾。为此,小区的业主与开发商交涉,要求其遵守已经制订的"业主临时公约"。开发商则声称自己不是业主,不受"业主临时公约"的约束,那些外来人员作为使用人,也不受"业主临时公约"的约束,因此拒绝处理。

请问开发商的做法正确吗?为什么?

任务四　入住与装修管理

> 任务目标：
>
> - 掌握入住的概念；
> - 了解入住的模式；
> - 掌握入住管理的阶段；
> - 掌握装修管理的概念；
> - 掌握装修管理的主要内容；
> - 熟悉装修管理的流程；
> - 了解装修管理问题的处理。

一、单选题

1. 负责"业主(住户)手册"编撰的单位是(　　)。

A. 物业管理单位　　　　　　　　　　B. 业主

C. 建设单位会同物业管理单位　　　　D. 建设单位会同施工单位

2. 物业使用人对物业进行装饰装修时,除了向物业管理单位申报外,还应主动征得(　　)的同意。

A. 邻居　　　　　B. 业主　　　　　　C. 建设单位　　　　D. 业主委员会

3. 擅自改变住宅外立面的,应该由(　　)按照相关法规进行处罚。

A. 城市房地产行政主管部门　　　　　B. 城市建设行政主管部门

C. 城市规划行政主管部门　　　　　　D. 物业服务企业

4. 入住服务的管理有(　　)。

①入住流程与手续;②费用缴纳;③验房及发放钥匙;④资料归档

A. ①③　　　　　B. ①③④　　　　　C. ①②③　　　　　D. ①②③④

5. 因装饰装修活动造成相邻住宅的管道堵塞、渗漏水、停水停电、物品毁坏等,(　　)应当负责修复和赔偿。

A. 物业服务企业　　　　　　　　　　B. 建设单位

C. 行政主管部门　　　　　　　　　　D. 装修人

6. 在物业的装饰装修活动中造成的损失,(　　)不是由装修人承担赔偿或罚款的。

A. 相邻住宅的管道堵塞、渗漏水、停水停电、物品毁坏

B. 装修人擅自拆改供暖、燃气管道和设施

C. 损坏房屋原有节能设施或者降低节能效果

D. 装修人侵占了公共空间,对公共部位和设施造成的损害

7. 下列关于业主公约的说法中,正确的有(　　　　)。

A. 业主公约仅有道义上的约束力

B. 业主公约对全体业主具有约束力

C. 业主公约对物业服务企业具有约束力

D. 业主公约对物业建设单位具有法律约束力

8. 按照《住宅室内装饰装修管理办法》(建设部令第 110 号),业主在办理住宅装饰装修手续时,物业服务企业(或指定方)可以按照"物业装修管理服务协议"收取(　　　　)。

A. 管理服务费　　　　　　　　　　B. 审批费

C. 施工现场管理费　　　　　　　　D. 装修保证金

9. (　　　　)在物业管理中是一项烦琐细致的工作,既要求快捷高效,又要求井然有序。

A. 入住服务　　　　　　　　　　　B. 物业服务

C. 入住管理　　　　　　　　　　　D. 物业入住

10. (　　　　)是记录业主对房屋验收情况的文本,通常以记录表格的形式出现。

A. "入住通知书"　　　　　　　　　B. "物业验收须知"

C. "业主入住房屋验收表"　　　　　D. "业主(住户)手册"

11. 下列不是"业主入住房屋验收表"主要内容的是(　　　　)。

A. 物业名称、楼号　　　　　　　　B. 业主、验收人、建设单位代表姓名

C. 验收情况简要概述　　　　　　　D. 物业不同部位报修规定

12. (　　　　)是装修管理的最后一道工序,也是控制违章的最后一关。

A. 准备资料　　　　　　　　　　　B. 申报登记

C. 施工过程　　　　　　　　　　　D. 验收工作

13. 物业入住准备工作的核心是(　　　　)。

A. 科学周密的计划　　　　　　　　B. 资料准备充足

C. 人力资源充足　　　　　　　　　D. 紧急情况要有预案

14. 装饰装修管理一般不包括(　　　　)。

A. 装饰装修时间　　　　　　　　　B. 装饰装修延期时间

C. 装饰装修期限　　　　　　　　　D. 特殊装修时间

15. 物业入住期间物业管理档案按照业主权属资料和个人资料分组收集,属于权属资料的是(　　　　)。

A. 身份证　　　　　　　　　　　　B. 联系方式

C. 户口本复印件　　　　　　　　　D. 购房合同复印件

二、简答题

1. 业主如何办理入住手续?

2. 在装修过程中，物业服务流程的主要内容是什么？

3. 在物业装修之前，物业服务企业和装修人应签订"物业装修管理服务协议"，该协议的主要内容是什么？

4. "业主入住房屋验收表"可以清晰地记录业主的验收情况。一般而言，其主要内容是什么？

三、案例分析题

1. 王先生接到开发商与物业服务企业办理入住手续的通知，兴高采烈地来办理入住手续。但是在办理过程中，物业服务企业要求王先生一次性缴齐一年的物业管理费，王先生对此表示不理解，拒绝交付。于是，物业服务企业拿出王先生刚刚签订的前期物业服务合同，向王先生解释这是前期物业服务合同的约定，请王先生按约办事。于是，王先生就认真地阅读前期物业服务合同（此前王先生没有认真阅读就签字了）。阅读完后，王先生发现合同中还有许多条款含有不公平、不合理的内容。在这种情况下，王先生明确表示，物业管理费不能按物业服务企业的要求缴纳，对前期物业服务合同中的不公平、不合理的内容也要到政府有关部门进行投诉。对此，物业服务企业宣布，停止王先生入住程序的办理，不交付王先生所购房屋的钥匙。

物业服务企业的做法对吗？

2. 某物业服务企业在前期管理工作中，由于疏忽大意未将"业主、使用人在装修住宅中，应预留共用设施设备的检修孔,方便共用设施设备的维修"这项小区内住宅装修规定告知业主。多名业主在不知情的情况下,装修时封闭了共用管道检修孔。此后的物业使用中,共用管道发生堵塞,在疏通修理的过程中,给业主的装修造成了一定程度的损坏。业主向物业服务企业提出赔偿的要求。

物业服务企业需要承担业主的装修损失吗?为什么?

任务五　物业档案管理认知

任务目标:

* 理解物业档案的含义和特点;
* 了解物业档案的分类;
* 掌握物业档案的建立程序;
* 掌握物业档案管理的内容;
* 了解物业服务企业信用档案。

一、单选题

1. 日常物业服务企业档案的收集范围不包括(　　　)。

A. 设备设施运行记录　　　　　　　　B. 设备设施维修养护记录

C. 工程竣工验收记录　　　　　　　　D. 物业服务记录

2. (　　　)是指作为物业服务企业固定资产的机器设备、仪器仪表等的档案。

A. 会计档案　　　　　　　　　　　　B. 基建档案

C. 人员档案　　　　　　　　　　　　D. 设备档案

3. (　　　)是指物业服务企业在人事管理活动中形成的、记录和反映本公司员工各方面情况的档案。

A. 会计档案　　　　　　　　　　　　B. 基建档案

C. 人员档案　　　　　　　　　　　　D. 设备档案

4. (　　　)是指在开展具体的物业管理活动中形成的,反映物业状况、业主和住户变迁情况以及物业管理部门的管理、服务、经营活动情况,具有查考利用价值的各种形式的文件材料。

A. 基建档案   B. 物业管理专门档案

C. 科教档案   D. 经营管理档案

5. 投诉信息转给被投诉企业后,被投诉企业应在(　　)天内将处理意见反馈给信用档案管理部门,反馈意见应由当地物业管理行政主管部门签章。

A. 5   B. 10   C. 15   D. 20

6. 一个有序的资料库是一个完整的(　　),从大分类到小分类,再至细分、排序。

A. 树形图   B. 圆形图   C. 矩形图   D. 菱形图

7. 在管理档案的各个环节中,(　　)的重点是去伪存真,留下物业管理有用的资料。

A. 收集   B. 整理   C. 归档   D. 利用

8. 物业资料归档要做到(　　)。

A. 尽可能完整   B. "十清"

C. 尽可能准确   D. 去伪存真

9. 国家档案馆保管的档案,一般应当自形成之日起满(　　)年向社会开放。

A. 20   B. 30   C. 40   D. 50

10. 公司职工人事调动、工资转移等证明材料保管期限是(　　)。

A. 10 年   B. 15 年   C. 25 年   D. 永久

二、填空题

1. 物业管理专门档案包括(　　)、(　　)、(　　)、(　　)、(　　)。

2. 物业档案的收集按时间顺序划分为(　　)、(　　)、(　　)、(　　)、(　　)、(　　)等阶段的信息。

3. 物业服务企业信用档案建设按照(　　)、(　　)、(　　)、(　　)的原则,由住房和城乡建设部统一部署。

4. 委托管理阶段信息有(　　)、(　　)、(　　)。

三、判断题

1. 凡需销毁的档案,可不经过物业档案所有权人、物业档案管理人员的鉴定,直接销毁。　　　　　　　　　　　　　　　　　　　　　　　　　　　(　　)

2. 在对物业管理档案进行分类时,通常采用一种方法比较好。　　(　　)

3. 档案资料的建立主要抓住收集、整理、归档、利用四个环节。　　(　　)

4. 一切国家机关、武装力量、政党、社会团体、企业事业单位和公民都有保护档案的义务。　　　　　　　　　　　　　　　　　　　　　　　　　　(　　)

5. 使用电子数据处理技术不仅可以节省人力、物力,而且使管理工作更加科学化、规范化和现代化,从而提高服务水平。　　　　　　　　　　　　　　　(　　)

6. 可以涂改、伪造档案。　　　　　　　　　　　　　　　　　　　(　　)

7. 档案工作人员应当忠于职守,遵守纪律,具备专业知识。　　　(　　)

8. 地方物业管理行政主管部门负责一级资质物业服务企业及执(从)业人员信用档案系统的建立和监督管理。　　　　　　　　　　　　　　　　　　　　　(　　)

9. 客户投诉资料可以分类到物业服务企业的行政资料中。　　　（　　）

10. 资料收集的关键是尽可能完整。　　　（　　）

四、简答题

1. 如何进行物业档案管理?

2. 物业档案的分类有哪些?

3. 住房和城乡建设部对物业服务企业信用档案系统建设的要求是什么?

【实训任务一】现场物业承接查验

实地调查某新建物业,分组完成下列承接查验表格(表1—表6)。

表 1　承接查验资料表

工程名称			评定等级	
开工日期		竣工验收日期		
移交日期		承接查验日期		
设计单位				
建设单位				
监理单位				
施工单位				
物业管理单位				
结构类型				
建筑面积				
房屋(栋/层/户)				
钥匙发放户数			钥匙每户多少套	
住宅区共用设施清单				
住宅区公共场地清单				
住宅区共用设备清单				

填表人：　　　　接收人：　　　　移交人：

表 2　房屋本体共用部位及配套设施接管验收表

栋号：　　　　　　　　　　　　　　编号：

开发商		联系人		联系电话	
投资商		联系人		联系电话	
施工单位		联系人		联系电话	
部位/名称	接管情况简述		保修期	备注	
主体结构					
外墙					
屋面					
楼地面					
内墙面					
顶棚					

续表

部位/名称	接管情况简述	保修期	备注
门、窗			
楼梯、扶手			
电气			
有线电视			
水表、电表、气表			
给水设施			
地漏、排水管道			
门铃、对讲电话			
楼宇门牌、楼栋号牌			
化粪池			

开发商(签章):　　　　　　　　　　　　物业服务企业(签章):

　　年　月　日　　　　　　　　　　　　　　年　月　日

表3　公共配套设施接管验收表

开发商		联系人		联系电话	
投资商		联系人		联系电话	
施工单位		联系人		联系电话	
部位/名称	接管情况简述		保修期	备注	
路灯、装饰灯					
绿化					
道路					
室外消防栓					
垃圾中转站					
保安岗亭					
保安道闸					
停车场地面					
明沟、暗沟					

续表

部位/名称	接管情况简述	保修期	备注
表井、检查井、化粪池			
台阶、踏步			
水池、水箱			
雕塑、景观小品			
其他			

开发商(签章)：　　　　　　　　　　　　　　物业服务企业(签章)：

年　月　日　　　　　　　　　　　　　　年　月　日

表4　电梯设备接管验收表

承接查验时间：

设施设备名称		安装地点		保修期限	
供货单位		联系人		联系电话	
生产单位		联系人		联系电话	
安装单位		联系人		联系电话	
保养单位		联系人		联系电话	
	维修电话		紧急维修电话		
随机资料					
验收情况：					
验收评定：					

物业服务企业：　　　　　　　　　　开发商：

代表：　　　　　　　　　　　　　　代表：

盖章：　　　　　　　　　　　　　　盖章：

年　月　日

表5 接管验收现场遗留问题清单

日期：　　　年　　月　　日　　　　　　　　　　　　　　　　编号：

类型：房屋本体共用部位及配套设施　房屋（室内）　公共配套设施　配套设施设备

部位/名称	遗留问题简述	记录人

表6　接管验收整改书

签发日期：　　　年　　月　　日　　　　　　　　　　　　　　编号：

设备（设施）名称		地点		整改期限
整改内容： 签名：				
整改建议： 				
签收人		签收日期		年　月　日
复检情况： 复检人： 日期：　　年　　月　　日				

【实训任务二】前期物业管理方案的编写

　　假如你是职业经理，上级领导让你根据表7的中端居住小区项目进行前期物业管理方案的设计。按上级领导的要求：前期物业服务方案要符合本企业文化、服务宗旨等。请按撰写前期物业管理方案的思路，设计本物业项目的前期物业管理服务方案的简要内容。

　　1.前期物业管理总体思路（如管理目标、管理定位、管理特色、管理措施）。

　　2.前期物业管理服务内容与质量标准（如物业共用部位的维修、养护和管理，物业共用设施设备的运行、维修、养护和管理，物业共用部位和相关场地的清洁卫生，垃圾的收集、清运，污水管道的疏通等）。

　　3.前期物业管理组织架构与人员编制（如管理处组织架构图、管理处岗位设置与人员编制安排说明表）。

4. 前期物业管理服务收费报价。

5. 前期物业管理收入测算。

6. 前期物业管理成本测算。

7. 前期物业管理开办费用预算等。

表7 物业项目基本情况

物业类型	多层、高层、别墅、商业
占地面积/m²	199 000
总建筑面积/m²	550 000
容积率	1.85
绿化率%	36
规划户数/户	2 800

【实训任务三】入住和装修管理

假如你是项目经理,你管理的项目即将进入入住与装修管理阶段,为了给客户留下良好的第一印象,需要作充分的准备。请按入住和装修管理的思路,并符合本企业文化、服务宗旨等要求,设计项目的客户入住流程图和装修流程图。

项目三
基础物业管理

项目目标：

了解与客户沟通的准备和注意事项,客户投诉处理的内容和方式,客户满意度调查的基本原则与方法,物业环境、保洁及绿化管理的概念,物业安保器材用具及相关知识,物业设施设备的种类、组成与结构;

掌握与客户沟通的方法与管理、客户投诉处理的程序与方法、客户满意度调查的实施步骤,保洁管理的内容、工作程序与标准、具体措施,绿化管理的工作程序、质量要求与考核指标,物业安保管理的工作职责与管理措施,公共安全防范管理、消防管理及车辆停放管理的内容,应急事件处理的程序与方法,物业设施设备的常见故障及处理方法、维修标准、管理制度;

掌握房屋维修管理的五项工作及程序;

熟悉房屋完损等级的划分和评定,以及房屋日常养护的类型和内容;

了解物业物资管理的概念,掌握 ABC 分类法、定期订货法和定量订货法在物业服务企业中的应用。

任务一　物业客户服务管理

任务目标：

- 掌握客户沟通的概念与内容；
- 了解客户沟通的方法；
- 认识客户投诉的意义；
- 了解客户满意度调查的基本原则；
- 掌握客户满意度调查的实施步骤。

一、单选题

1.（　　　）是最主要的客户管理对象。

A. 建设单位
B. 施工单位
C. 物业服务企业
D. 业主或物业使用人

2.（　　　）是成功完成一次客户满意度调查过程的最重要步骤之一。

A. 分析结果
B. 报告反馈
C. 调查对手
D. 问卷制作

3.（　　　）是根据业务目标并针对客户的侧重点，进行规划、研究、调查、衡量、分析、采取纠正措施和持续改进的过程。

A. 客户满意度调查
B. 客户满意度分析
C. 客户满意度评估
D. 客户满意度方法

4. 业主家人突发疾病，请求物业服务企业帮助送急诊抢救属于（　　　）。

A. 咨询型投诉
B. 求助型投诉
C. 发泄型投诉
D. 无效投诉

5.（　　　）是客户在购买决策过程前期对其需求的产品或服务寄予的期待和希望。

A. 客户期望
B. 客户需求
C. 客户忠诚
D. 客户满意

6. 接待投诉，（　　　）的态度是十分重要的。

A. 傲慢
B. 自信
C. 轻视
D. 不予理会

7.（　　　）是指因物业服务企业的管理服务工作不到位、有过失而引起的投诉。

A. 重大投诉
B. 重要投诉
C. 轻微投诉
D. 次要投诉

8.（　　　）是指客户感觉状态的水平，它来源于一项服务的绩效或产出与客户的期望所进行的比较。

A. 客户抱怨 B. 客户忠诚

C. 客户满意 D. 感知质量

9.( )对物业服务企业已经有基本的信任感,使用该企业的服务已有一段时间。

A. 潜在客户 B. 新客户

C. 老客户 D. 新业务的新客户

10.邻里之间因噪声要求物业服务企业调解、解决属于( )。

A. 咨询型投诉 B. 求助型投诉

C. 发泄型投诉 D. 无效投诉

二、多选题

1.沟通的方式包括( )。

A. 倾听 B. 交谈 C. 写作 D. 阅读

2.客户沟通是指( )之间的沟通交流。

A. 物业服务企业 B. 外部客户

C. 内部客户 D. 企业内部的人员

3.沟通的管理主要包括( )。

A. 建立定期客户沟通制度 B. 建立跟踪分析

C. 引进先进技术和手段,加强客户管理 D. 建立会审制度

4.投诉的途径包括( )。

A. 电话 B. 个人亲临 C. 信函邮寄 D. 投送意见信箱

5.客户的需要包括( )。

A. 被关心 B. 被倾听

C. 服务人员专业化 D. 迅速反应

6.客户满意度调查应当注意( )。

A. 目标明确 B. 领导重视

C. 持续改进 D. 协同运作

7.基本的问答格式主要有( )。

A. 被动答卷式 B. 自主答卷式

C. 面谈问答式 D. 电脑答卷式

8.问卷的提问类型有( )。

A. 陈述性格式 B. 类比格式

C. 对比格式 D. 定义格式

9.物业管理投诉处理的要求有( )。

A. 对投诉要"谁受理、谁跟进、领导回复"

B. 接受和处理业主投诉要作详细记录,并及时总结经验

C. 尽快处理,暂时无法解决的要向业主说明,约时间处理、跟进

D. 接受与处理业主的投诉,要尽可能地满足业主的合理要求

39

10.物业管理外部客户包括(　　)。

A.物业使用人　　　　　　　　B.专业公司

C.建设单位　　　　　　　　　D.物业服务企业

三、简答题

1.简述物业管理投诉处理的程序。

2.简述物业管理投诉处理的方法。

3.简述客户满意度问卷调查的实施步骤。

四、案例分析题

1.某小区物业服务中心维修部小梁接到报修电话,业主王小姐家中厨房小阳台地漏冒水。小梁马上带着设备在10分钟内赶到了王小姐家,此时厨房小阳台已积了20多毫米深的污水,小梁急忙用吸泵试图抽通地漏,但效果不佳,地面污水不见减少。小梁满脸歉意地对王小姐说:"对不起,王小姐,这个地漏堵得很死,吸泵无法通开,必须用机器才能打通,但按规定要收取30元费用。"王小姐坚决不同意:"我家洗衣机这几天都没用过,不可能是我家地漏堵了,一定是主下水管的事,没有道理让我家付钱。"小梁耐心地向她解释相关规定,但是王小姐很不高兴,并马上拨通了物业服务中心的电话,投诉维修工不想干活,胡乱收取费用。小梁并没有生气,而是采取婉转沟通的策略,向她详细分析:"你家厨房洗菜盆的下水管和阳台的地漏是连通的,共用一个出口,我们可以试试打通洗菜盆下水管,如果污水流走,说明是你家地漏堵了,你需要支付维修费用;如果水管疏通而污水还没流走,说明是主下水管堵塞,我们不收取任何费用。"王小姐同意了,小梁用机器从洗菜盆下水口将疏通带打下去,很快阳台的积水从地漏流走了。在事实面前,王小姐才相信是自己家的地漏堵了,付清了维修费用,积水问题也得到了圆满解决。

请问:(1)结合小梁的维修工作,谈谈物业维修部人员的基本素质。

(2)如何处理投诉?

2.某年秋季某日早6时许,某小区三楼的王女士突然发现家里屋顶漏水,地面积水已有数厘米深,天花板上水珠滴落连成了线。王女士慌忙跑到楼下报信,发现楼下邻居家也已被淹,她和邻居一起来到楼上,发现漏水问题出在四楼邻居家,但是无论两人怎样敲门,屋内也无人应答。王女士急忙打电话向物业服务中心求助,物业服务中心马上联系四楼业主,可对方电话停机。王女士要求马上停水,物业服务中心提出应等过了早晨用水高峰期才能停水,否则小区内的其他业主会不满。王女士眼看着家里的电器、家具、被褥等遭到水淹,为减少损失,她提出请社区、派出所出面,通过"开锁匠"打开漏水屋的房门止水,但物业服务中心表示如果不经业主同意进入其家里,容易引起纠纷,还是应该尽量寻找业主。经过王女士反复催促,泵房于9时左右为该楼停水。此时,物业服务中心也通过多方努力找到了四楼业主。但是,四楼业主却说已经将房屋租出,自己也没有钥匙,最后又经过一番寻找,租房人终于在中午赶回。房门打开后,大家看到,原来是四楼的自来水管破裂导致漏水,又恰逢租房人近几天在外居住,没能及时发现。事后,四楼业主和租房人向王女士和二楼邻居道歉并愿意给予赔偿,但是,过后几天看着还在不断往外渗水的屋顶,王女士对物业服务中心谨小慎微的行为提出了质疑,难道大家一起作证,先进屋止水就不行吗?

请问楼上漏水殃及楼下,物业服务中心可以破门抢险吗?

任务二　物业环境管理

任务目标:

- 了解清洁卫生管理的内容和方法;
- 熟悉清洁卫生日常管理流程;
- 了解白蚁和卫生虫害的防治;
- 了解绿化管理的内容和要求;
- 掌握绿化管理的基本方法。

一、不定项选择题

1.物业管理服务合同中的清洁卫生服务内容包括(　　　)。

A.生活垃圾收集与处理　　　　　　　　B.外墙清洗

C.业主自用部位保洁　　　　　　　　　D.管道疏通服务

2.清洁卫生管理制度的内容有(　　　)。

A.各岗位的岗位职责

B.质量评价体系

C.各岗位操作质量标准,清洁质量检查及预防、纠正机制

D.员工行为规范

3.日常保洁的基本方法有(　　　)。

A.每日固定保洁　　　　　　　　　　　B.跟踪保洁

C.周期保洁工作　　　　　　　　　　　D.不定期督查

4.清洁卫生服务管理的方法可以采用(　　　)。

A.专业作业　　　　　　　　　　　　　B.专项管理

C.代理管理　　　　　　　　　　　　　D.自行作业或外包管理

5.下列属于蚊子防治的主要方法是(　　　)。

A.环境治理　　　　　　　　　　　　　B.诱杀

C.药物防治　　　　　　　　　　　　　D.生物防治

6.光诱杀主要用于白蚁(　　　)诱杀。

A.幼虫时　　　　　　B.回巢时　　　　　　C.分飞时　　　　　　D.产卵时

7.对酒店及会所绿化管理要求,不正确的是(　　　)。

A.酒店及会所绿化管理的重点是清除枯枝

B.酒店及会所绿化布置工作要达到即时的效果

C. 为了提高工作效率,可根据绿化员工的技术特长进行合理的工作范围划分

D. 为了不对客人活动造成影响,酒店及会所的绿化布置、养护工作应在客人到达前或休息时进行

8. 物业绿化日常保养工作的内容是(　　)。

A. 水分管理　　　　　　　　　　　B. 修建造型

C. 翻新改造　　　　　　　　　　　D. 杂草防除

9. 关于绿化管理的方法,下列说法有误的是(　　)。

A. 要建立健全的绿化管理制度

B. 对于乔木,要注意虫害、病害情况以及攀爬及寄生植物情况

C. 对于草坪,要注意杂草情况,并注意施肥、淋水是否合理

D. 小区园林在设计时应首先考虑"美观",然后是"方便""实用"

10. 绿化管理的内容包括(　　)。

A. 日常养护　　　　　　　　　　　B. 翻新改造

C. 环境布置　　　　　　　　　　　D. 会议装饰

二、简答题

1. 从物业管理的角度来分,垃圾可分为哪些类型?

2. 物业清洁卫生管理模式包括哪些?

3. 物业绿化管理的内容有哪些?

4.绿化管理制度包括哪些内容?

三、案例分析题

1.陈大妈居住在某小区。2016 年 10 月的一天下午,陈大妈在小区内锻炼,周围有几株粗大的老杨树,树叶已落,枯枝可见,一阵大风卷来,一根较大枯枝折断,将陈大妈砸伤,保安员及时把陈大妈送往医院。请回答:

(1)物业服务企业对小区老杨树是否有管理义务,为什么?

(2)简述二级绿化管理标准。

2.华茂小区于 2008 年建成,近日业主反映楼道卫生很差,物业管理处及时让清洁负责人将现场清理干净。请回答:

(1)公共区域清洁工作的内容有哪些?

（2）日常清洁工作应注意哪几个方面的检查？

3.某物业服务企业负责的小区已经投入使用15年，建筑面积60万平方米，以高层为主。近日，业主反映小区内老鼠和苍蝇较多，你作为环保部主管，请回答如下问题：

（1）蚊子的防治方法有哪些？

（2）鼠害的防治方法有哪些？

（3）苍蝇的防治方法有哪些？

任务三 物业安保管理

任务目标：

- 了解公共安全防范管理的内容；
- 熟悉公共安全防范管理的要求；
- 掌握公共安全防范管理的检查方式和注意事项；
- 掌握消防管理的基本内容；
- 了解消防器材的配置、维护和管理；
- 掌握车辆管理的内容。

一、多选题

1.公共安全防范管理服务的内容包括（　　）。

A.安防系统服务管理　　　　　　　　B.出入管理

C.安防系统的使用、维护和管理　　　D.施工现场管理

2.安全防范工作的检查方法有（　　）。

A.日检　　　　　　　　　　　　　　B.周检

C.月检　　　　　　　　　　　　　　D.督查

3.物业管理项目的义务消防队由项目的全体员工组成,可分为（　　）。

A.指挥组　　　　　　　　　　　　　B.通信组

C.警戒组　　　　　　　　　　　　　D.设备组

4.物业服务企业消防管理规定包括的内容有（　　）。

A.企业消防管理机构及运作方式　　　B.消防安全岗位责任

C.奖惩规定　　　　　　　　　　　　D.消防安全行为

5.消防安全检查的要求有（　　）。

A.深入楼层对重点消防保卫部位进行检查,必要时应做系统调试和试验

B.检查公共通道的物品堆放情况,做好电气线路及配电设备的检查

C.对重点设施设备和机房进行深层次的检查,发现问题立即整改

D.应注意检查通常容易被忽略的消防隐患,如单元门及通道前堆放单车和摩托车,过道塞满物品,疏散楼梯间应急指示灯不亮,配电柜(箱)周围堆放易燃易爆物品等

6.重点防火的部位有（　　）。

A.机房　　　　　　　　　　　　　　B.公共娱乐场所

C.广场　　　　　　　　　　　　　　D.业主专用会所

7.车辆停放管理的方法与要求有(　　　　)。

A.建立健全车辆管理队伍　　　　　　B.车辆出入管理

C.车辆使用管理　　　　　　　　　　D.车辆停放管理

二、填空题

1.公共秩序管理服务是指在物业管理区域内,物业服务企业协助政府有关部门所进行的公共安全防范和公共秩序维护等管理服务活动,包括(　　　　　　)、(　　　　　　)和(　　　　　　)等方面内容。

2.物业管理安防系统是指物业管理区域内用于治安、消防、车辆管理及紧急呼叫等安全防范的技术设备系统。常用的安防系统有(　　　　　　)、(　　　　　　)、(　　　　　　)、(　　　　　　)、自动呼救系统、道闸系统、煤气自动报警系统和巡更系统等。

3.消防工作的指导原则是(　　　　　　)。

4.物业消防安全检查的内容主要包括(　　　　　)、(　　　　　)、(　　　　　)、(　　　　　)、室内消防栓、灭火器配置、机房、厨房、楼层、电气线路以及防排烟系统等场所。

5.在消防安全检查组织形式上可采取(　　　　)和(　　　　)方法。

6.重点防火物业主要包括生产易燃易爆产品的工厂,大型物资仓库以及工厂较为密集区、(　　　　)、(　　　　)、(　　　　)、(　　　　)和度假村等。

7.大型物业管理区域的一般配备应包括(　　　　)、(　　　　)、(　　　　)、(　　　　)、(　　　　)、安全钩、保险钩、消防腰斧、照明灯具、个人导向绳和安全滑绳等。

三、简答题

1.简述公共安全防范服务的要求。

2.简述义务消防队员的工作。

3.简述消防安全检查的基本程序。

4.简述如何做好消防装备的维护、管理。

5.简述车辆管理的注意事项。

四、案例分析题

假如你是一家物业服务企业的安保人员,你所管理的小区遇到有违法犯罪分子正在进行盗窃、抢劫、行凶或纵火等违法犯罪活动时,你应当如何处理?

物业设施设备管理

任务目标：
- 了解物业设施设备的种类；
- 掌握物业设施设备管理的基本要求；
- 理解物业设施设备维修与养护；
- 理解物业设施设备的运行管理；
- 了解物业设施设备的外包控制；
- 了解几种典型的物业设施设备管理。

一、单选题

1. 对物业设备进行管理、操作、保养、维护,保证设备正常运行的总负责人是(   )。

　　A. 维修人员　　　　　　　　　B. 各专业技术主管

　　C. 领班　　　　　　　　　　　D. 工程部经理

2. 建筑中一般采用单出口消火栓,高层建筑中应采用的消火栓口径为(   )毫米。

　　A. 30　　　　　B. 50　　　　　C. 65　　　　　D. 80

3. 雨淋喷水灭火系统属于自动喷水系统中的(   )灭火系统的一种。

　　A. 开式　　　　B. 闭式　　　　C. 干式　　　　D. 湿式

4. 不能直接扑灭火灾,主要起阻火、隔火及冷却防火隔绝物防止火灾蔓延的作用的消防系统是(   )。

　　A. 雨淋喷水灭火系统　　　　　B. 水喷雾灭火系统

　　C. 水幕消防系统　　　　　　　D. 二氧化碳灭火系统

5. 对设备磨损或腐蚀的零件部分进行局部或全部的解体、修复或更换,力求使设备恢复到原有的技术特性;在修理时,也可结合技术进步的条件,对设备进行技术改造。这属于(   )。

　　A. 小修　　　　　B. 中修　　　　　C. 大修　　　　　D. 系统大修

6. 高层建筑与低层建筑的高度分界线为(   )米。

　　A. 24　　　　　B. 30　　　　　C. 48　　　　　D. 100

7. 在电梯运行检查中,由值班运行人员在开启电梯后、停梯前及接班时进行的检查是(   )。

　　A. 巡回检查　　　B. 日检　　　　C. 周检　　　　D. 月检

8. 房屋及设施设备管理的基本要求:做好房屋及设施设备的维护保养工作,充分发挥设备功能,有效延长设施设备的(   ),并自始至终把安全管理工作放在最重要的位置上。

A. 使用功能 　　　　　　　　　　B. 技术寿命

C. 使用寿命 　　　　　　　　　　D. 技术更新

9.(   )是一种主动的具有预防作用的维修策略,是物业管理应提倡的主要维修养护方式。

A. 紧急抢修 　　　　　　　　　　B. 预防性维修

C. 事后维修 　　　　　　　　　　D. 大、中修

10. 在设施设备节能管理中,(   )是一种最经济的节能方式。

A. 经常进行技术改造 　　　　　　B. 对设备的及时更新

C. 根据实际情况减少使用时间 　　D. 采用管理手段节能降耗

二、填空题

1. 物业设备管理的基本内容包括(   )和(   )两个方面。

2. 设备的点检包括(   )及(   )。

3. 根据设备检修的部位、修理工作量的大小及修理费用的高低,计划检修工作一般分为(   )、(   )、(   )和(   )四种。

4. 物业设备管理的质量可用(   )和(   )衡量。

5. 对事故的处理要严格执行的"三不放过"原则是(   )不放过、(   )不放过、(   )不放过。

6. 建筑物的给水引入管至室内各用水及配水设施段,称为室内给水部分。给水系统按照其用途可分为(   )、(   )和(   )三类。

三、简答题

1. 物业设备管理的目的是什么? 管理好物业设备有什么重要意义?

2. 物业设备维护保养一般包括哪些方式? 维护保养工作应如何实施?

3.什么是物业设备的经济运行？如何进行经济运行的管理？

任务五　房屋维修管理

任务目标：
- 认知民用建筑基础知识；
- 了解房屋维修和维修管理的概念；
- 掌握房屋维修的工作内容；
- 掌握房屋日常养护的内容。

一、单选题

1.以下不属于房屋组成部分的是(　　)。

A.非承重墙　　　B.门窗　　　　　　C.电气　　　　　D.树木

2.下列各项不属于房屋主体结构部分的是(　　)。

A.基础　　　　　B.承重构件　　　　C.屋面　　　　　D.暖通

3.某住宅小区房屋总建筑面积为32万平方米,其中完好房屋26万平方米,基本完好房屋4万平方米,一般损坏房屋1.8万平方米,危险房屋0.2万平方米,该住宅小区的房屋完好率是(　　)。

A.81.25%　　　　B.93.75%　　　　C.96.28%　　　　D.96.88%

4.不属于房屋及设施设备预防性维修方式的是(　　)。

A.计划性预防维修　　　　　　　　B.紧急抢修

C.状态监测下的预防维修　　　　　D.改善性的预防维修

5.以下说法中不正确的是(　　)。

A.完好房是指房屋结构基本完好、少量构部件有轻微损坏、装修基本完好的房屋

B.危险房是指房屋承重构件已属危险构件、结构丧失稳定和承重能力的房屋

C.严重损坏房是指房屋年久失修,结构有明显变形或损坏,需进行大修或翻修、改建的房屋

D.设施设备完好率是指完好设施设备数量占全部设施设备数量的百分比

6.在房屋修缮工作中,不应当考虑(　　)。

A.房屋的安全性要求　　　　　　　B.房屋的使用功能要求

C.房屋的艺术性要求　　　　　　　D.房屋统一修缮计划要求

7.房屋的铝合金隔墙破坏属于(　　)。

A.室内设备破坏　　　　　　　　　B.承重墙破坏

C.结构性破坏　　　　　　　　　　D.装修损坏

8.房屋承重构件已属危险构件,结构丧失稳定的承载能力,随时有倒塌的可能,不能确保住用安全的房屋属于(　　)。

A.严重损坏房　　　　　　　　　　B.一般损坏房

C.危险房　　　　　　　　　　　　D.基本完好房

9.中修工程的一次费用一般在该建筑同类结构新建造价的(　　)以下。

A.10%　　　　B.15%　　　　C.20%　　　　D.25%

二、多选题

1.按房屋层次和高度可分为(　　)。

A.平层建筑　　B.低层建筑　　　　C.多层建筑　　　　D.高层建筑

2.房屋的基本组成部分,结构部分包括(　　)。

A.基础　　　　B.承重构件　　　　C.屋面　　　　　　D.暖通

3.房屋及设施设备维修养护计划的实施中,应注意控制的因素有(　　)。

A.质量的控制　　B.进度的控制　　C.成本的控制　　D.人员的控制

4.房屋种类按房屋的用途可以分为(　　)。

A.居住用途　　B.商业用途　　　　C.工业用途　　　　D.办公用途

5.物业房屋及设施设备评价参考的主要指标包括(　　)。

A.容积率　　　B.房屋完好率　　　C.危房率　　　　　D.设备完好率

6.评定房屋完损等级按下列(　　)进行。

A.结构部分　　B.非承重墙部分　　C.装修部分　　　　D.顶棚部分

三、简答题

1.简述民用建筑的分级。

2.简述房屋维修管理的概念和内容。

3.简述房屋日常养护的类型。

四、情景分析题

1.地基属于隐蔽工程,发现问题采取补救措施比较困难,因此,平时要足够重视,做好养护工作,你知道地基养护应注意哪些事项吗?

2.楼地面工程常见的材料多种多样,要针对材料特性做好相应的养护工作,请你告诉工程部新来的小王应注意哪些事项?

3.门窗是保证房屋使用正常、通风良好的重要途径,请简述门窗工程养护应重点注意的事项。

4.屋面工程在房屋中的作用主要是维护、防水、保温,最容易受到破坏的是防水层,请回答怎样建立以养为主的保养制度。

任务六　物业物资管理

任务目标:
- 了解物业物资管理的概念;
- 掌握 ABC 分类方法;
- 掌握定期订货法;
- 掌握定量订货法。

一、单选题

1.“80/20 规则”是指(　　　)。

A. 占用 20% 价值的 20% 物资为重点物资,其余占 80% 采购金额的 80% 物资为普通物资

B. 占用 80% 价值的 20% 供应商为重点物资,其余占 20% 采购金额的 80% 供应商为普通物资

C. 占用 80% 价值的 80% 供应商为重点物资,其余占 20% 采购金额的 20% 供应商为普通物资

D. 占用 20% 价值的 80% 供应商为重点物资,其余占 80% 采购金额的 20% 供应商为普通物资

2. 定量库存控制模型要确定的量是(　　　)。

A. 订货点和订货批量　　　　　　　　　B. 订货周期和订货批量

C. 订货点和订货周期　　　　　　　　　D. 订货批量和订货成本

3. 在定时库存控制模型中,每次订货的订货批量如何变化?(　　　)

A. 保持固定不变

B. 随着订货点发生变化

C. 随着订货周期发生变化

D. 随着自上次订货以来物品的使用率的变化而变化

4. 定量库存控制模型和定时库存控制模型相比较,最大的差别是(　　　)。

A. 订货点的变化　　B. 订货成本的变化　　　C. 订货周期的变化　　D. 订货批量的变化

5. 在定时库存控制模型中需要解决的量是(　　　)。

A. 订货成本　　　　B. 订货点　　　　　　　C. 订货周期　　　　　　D. 订货批量

6. 如果一个物业服务企业某物资的年消耗成本是 60 万元,它的平均库存价值是 30 万元,那么库存周转次数就是一年两次。如果该物业服务企业的平均库存价值是 15 万元,那么它的库存周转次数就是每年(　　　)次。

A. 2　　　　　　　　B. 4　　　　　　　　　C. 3　　　　　　　　　D. 5

7. 物业服务企业为了应付一些不确定性情况而有意识储备的库存,一般称为(　　　)。

A. 原材料库存　　　B. 在制品库存　　　　　C. 周转库存　　　　　　D. 安全库存

8. 定期订货法是基于(　　　)的订货控制方法,它设定订货周期和最高库存量,从而达到库存量控制的目的。

A. 数量　　　　　　B. 时间　　　　　　　　C. 库存量　　　　　　　D. 订货批量

9. 定量订货法是从(　　　)上控制库存量,需要每天检查库存量。

A. 计划　　　　　　B. 周期　　　　　　　　C. 数量　　　　　　　　D. 时间

10. 需要进行库存量控制的是(　　　)。

A. 中转储备　　　　B. 周转储备　　　　　　C. 钢材储备　　　　　　D. 安全储备

11. 在 ABC 分类中,存货的品种占总品种数的 10% 左右,但价值占存货总价值的 70% 左右的物品为(　　　)。

A. ABC 类存货　　　B. B 类存货　　　　　　C. A 类存货　　　　　　D. C 类存货

二、简答题

1. 简述物业物资管理的概念。

2. 列表比较定期订货法与定量订货法的差异。

3. 简述"5S"管理制度。

三、计算分析题

1. 某物业服务企业绿化部有 9 种商品的库存,有关资料如表 1 所示。为了对这些库存商品进行有效的控制和管理,该企业打算根据商品的投资大小进行分类。

表 1　某物业服务企业绿化部的商品库存

商品编号	单价/元	库存量/件
a	5.00	200
b	2.00	100
c	4.00	125
d	1.40	200
e	1.00	140
f	7.50	1 000
g	3.00	120
h	1.00	120
i	0.70	100

(1)用 ABC 分类法将这些商品分为 A,B,C 三类。

(2)给出 A 类库存物资的管理方法。

2.某物业服务企业对面蜡采用每两周订货一次的定期订货法。近期,该面蜡的正常消耗量为每周 28 罐,发货周期为 4 天,公司要求有一周的保险储量,在采购日,库房尚余 30 罐。试计算本次应采购的数量。

3.某物业服务企业保洁部的清洁剂在过去 3 个月中的实际需求量分别如下:1 月 300 箱,2 月 250 箱,3 月 275 箱。最大订货提前期为 1 个月,缺货概率根据经验统计为 10% ,求该商品的最佳订货时间。

四、案例分题

某小型物业服务企业,随着业务规模的不断扩大,遇到了多数中小企业发展壮大中都遇到的问题,即伴随不断扩大的营业额而产生的日益增长的库存压力以及畅销产品时常缺货的问题。据统计,2016 年的平均库存金额在 40 万元左右,而产品及原材料则多达 100 多种。该企业 2016 年产品销售收入及相关产品、原材料平均库存金额见表 2。

表2　该企业2016年产品销售及库存数据

产品名称	营业额/万元	营业收入百分比/%	库存金额/万元	库存金额百分比/%
产品1	350	70	4	10
产品2	70	14	4	10
产品3	30	6	4	10
其余8种产品	50	10	28	70
合计	500	100	40	100

进一步调查发现,该企业在库存管理中时常发生产品1和产品2缺货的情况,而其余几种产品,由于销售量不大,反而在库存中滞留了大量的原材料和产品库存。在日常库存管理中,该企业针对各种物料采用统一的管理方法,即每月盘点一次库存,做到账物相符。

在原材料采购和生产中,该企业为每种材料设置了统一的安全库存,若仓库发料后发现库存不足时,则通知采购部门按照固定的数量采购。由于不同物料采购的提前期不同,因此,时常出现材料到货时间不一致的情况,造成缺货停工或积压。

1.分别从库存管理、需求管理、订货管理三方面说明该企业存在的主要问题是什么?

2.如何解决上述问题?

【实训任务】编制物业服务品质提升方案

物业服务品质提升方案,主要是针对后期物业服务正常运行阶段的服务品质管理提出科学、具体、有效、创新的品质提升手段与措施。服务品质是物业服务工作最重要的输出结果,是物业服务工作现实意义的集中体现,它决定了物业服务的社会价值和经济价值。

实训要求:

要求学生结合某个物业服务具体项目,以持续提升物业服务项目服务品质为出发点,结合项目的基础条件与基本定位,从有利于发挥物业服务企业特点与特长的角度出发,设计系统、具体、量化、可操作的方案。

编写基本体例:

××物业服务项目服务品质提升方案

项目基本概况:

物业服务品质提升操作步骤:

第一步:服务关键点的定位和强化

(一)服务关键点的定位

1. 综合类

2. 安全管理部

3. 客户服务部

4. 工程管理部

5. 环境维护部

（二）服务关键点的强化

第二步：视觉优化改造（表3）

表3　××物业服务项目视觉优化工作计划

序号	工作计划	实施要点	实施时间段
1	井盖的上漆亮化	园区美化工作指引	2018.4.15—2018.4.30
2	园林小品的布置	园区美化工作指引	2018.5.1—2018.6.30
3	对车库地面进行重新规划	园区美化工作指引	2018.7.1—2018.7.30
⋮	⋮	⋮	⋮

第三步：固化服务品质

第四步：企业品牌营销

第五步：提升服务对象满意度

第六步：实现企业价值

第七步：持续价值维持

项目四
物业服务企业财务管理

项目目标：

了解物业服务企业的营业收入构成、成本费用构成、利润、代收代付业务；

理解物业服务企业的财务特征；

熟悉物业服务费标准确定的政策模式和途径；

熟悉住宅专项维修资金的概念与来源；

熟悉住宅专项维修资金的管理；

掌握酬金制与包干制；

掌握物业服务费测算的基本方法。

任务一 物业服务企业财务管理认知

任务目标：
- 掌握物业服务企业收入的构成；
- 掌握物业服务企业费用的构成；
- 理解物业服务企业的利润；
- 熟悉物业服务企业代收代付业务；
- 掌握酬金制和包干制的概念和区别。

一、单选题

1.《物业服务收费管理办法》规定:酬金制是指在预收的物业服务资金中按约定比例或者约定数额提取酬金支付给物业服务企业,其余全部用于物业服务合同约定的支出,结余或者不足均由(　　　)享有或者承担的物业服务计费方式。

A.业主大会　　　　　B.业主委员会　　　　　C.业主　　　　　　　　D.物业服务企业

2.实行(　　　)的,物业服务费的构成包括物业服务成本、法定税旨和物业服务企业的利润。

A.物业服务费用承包制　　　　　　B.物业服务转包制

C.物业服务费用包干制　　　　　　D.物业服务费用酬金制

3.下列不是物业管理成本营业成本中包括的费用的是(　　　)。

A.直接人工费　　　B.间接费用　　　　C.直接材料费　　　D.管理费用

4.物业服务企业经营共用设施设备,支付的有偿使用费,计入(　　　)。

A.营业成本　　　　　　　　　　B.管理费用

C.营业成本或管理费用　　　　　　D.递延资产

5.物业服务企业支付的管理用房有偿使用费,计入(　　　)。

A.营业成本　　　　　　　　　　B.管理费用

C.营业成本或管理费用　　　　　　D.递延资产

二、填空题

1.物业管理费在物业服务企业会计核算中通常称为(　　　　　)。

2.物业服务企业的财务费用包括(　　　　)、(　　　　)、(　　　　)、(　　　　)。

3.物业服务企业其他收入主要包括(　　　　)、(　　　　)、(　　　　)、(　　　　)(　　　　)等。

4.利息收入是指物业服务企业购买各种（　　　　　　　　）等有价证券的利息,外单位（　　　　）付给的利息以及其他利息收入。

5.特许权使用收入是指物业服务企业提供（　　　　　）、（　　　　　）、（　　　　　）、（　　　　　）以及其他特许权的使用权。

6.租赁收入包括物业服务企业出租（　　　　　）、（　　　　　）和（　　　　　）以外的资产使用权取得的收入,应全额计入收入总额。

7.物业服务企业的营业成本包括（　　　　　）和（　　　　　）。

三、判断题

1.物业管理服务成本包括独立核算地下停车场服务人员的工资、奖金、福利 。（　　　）

2.物业管理服务成本包括物业管理区域清洁卫生费用、物业管理区域绿化养护费用以及物业管理区域公共秩序维护费用 。（　　　）

3.通信费是人工费包括的费用。（　　　）

4.间接费用包括企业直接从事物业管理活动等人员的工资、奖金及职工福利费等。（　　　）

5.间接费用包括企业所属物业管理单位管理人员的工资、奖金及职工福利费等。（　　　）

6.物业服务企业可在年终按照年末应收取账款余额的0.3% ~0.5%计提坏账准备金,计入管理费用。（　　　）

四、简答题

1.物业服务企业的收入主要有哪些?

2.简述酬金制与包干制。

任务二 物业管理费的测算编制

任务目标:
- 了解物业管理费标准制定的政策模式和途径;
- 掌握物业管理费测算依据;
- 掌握物业管理费测算方法。

一、单选题

1.市场调节价是指由( )自主制定,通过市场竞争形成的价格。

A.政府　　　　　　B.物价局　　　　　　C.经营者　　　　　　D.开发商

2.物业大、中修计划的资金来源主要有物业收入和( )两种。

A.多种经营收入　　　　　　　　　　B.广告收入

C.应收账款　　　　　　　　　　　　D.住宅专项维修资金

3.进行物业管理费测算,应首先根据物业项目的实际情况,编制各项支出的( )。

A.工作计划　　　　B.人员编制计划　　　　C.物品使用计划　　　　D.能源消耗计划

4.物业管理费总额除以( )即可得出单位面积物业管理费。

A.总建筑面积　　　　　　　　　　　B.可收费总建筑面积

C.公摊面积　　　　　　　　　　　　D.占地面积

5.物业费用收缴率等于( )除以当期应收的费用。

A.应收账款　　　　　　　　　　　　B.主营业务收入

C.利润　　　　　　　　　　　　　　D.当期实际收到的费用

二、填空题

1.我国目前物业服务收费定价形式的种类有( )和( )两类。

2.市场调节价是指由( )自主制定,通过( )形成的价格。

3.政府指导价是指由政府价格主管部门或者其他有关部门,按照定价权限和范围规定( )及其( )指导经营者制定的价格。

4.计算物业管理费时,应考虑物业管理费( )、( )和( )等。

5.物业大、中修计划的资金来源主要有( )和( )两种。

三、判断题

1.如果某物业服务企业采用的是政府指导价的方式,则在物业管理费根据政府指导价

已经确定的情况下,采取以收定支的测算方式测算结果出现亏损的,可以尝试申请补贴收入。 （　　）

2. 物业服务企业为该物业管理投入的固定资产折旧和物业管理项目机构用物业管理费购置的固定资产折旧,均应纳入物业管理费的测算中。 （　　）

3. 物业管理费测算应考虑各地区同类物业的费用收缴率水平。 （　　）

4. 物业管理费测算应按合同面积计算,可以不用考虑物业的合同面积和实际收费面积之间的差异。 （　　）

5. 物业服务属于高附加值服务行业,物业管理费的测算和物业服务的运作应获取合理的利润,使物业服务企业得以可持续发展。 （　　）

四、简答题

1. 列出酬金制、包干制的计算公式。

2. 简述物业管理费测算时如何收集原始数据。

任务三 住宅专项维修资金

任务目标:
- 掌握住宅专项维修资金的概念和来源;
- 熟悉住宅专项维修资金的管理程序。

一、单选题

1. 关于利用共用部位、共用设施设备经营所得经营收益的使用,应当优先用于补充( )。

A. 房屋维修资金　　　　　　　　　　B. 设备维修资金

C. 物业服务费的不足　　　　　　　　D. 住房专项维修资金

2. 对于住宅专项维修资金的作用,以下说法错误的是( )。

A. 有利于保证物业共用部位、共用设施设备的维修养护

B. 有利于保证物业的正常使用和保值增值

C. 有利于保证物业服务企业的收支平衡

D. 有利于保障全体业主的共同利益

3. 建设(房地产)主管部门挪用住房专项维修资金的,由( )(房地产)主管部门追回挪用的住房专项维修资金,对直接责任人依法予以处分或追究刑事责任。

A. 建设单位　　　B. 下级建设　　　C. 同级建设　　　D. 上级建设

4. 实施物业管理的住宅项目,专项维修资金由( )提出资金使用计划,经批准后方可实施。

A. 物业服务企业　　　　　　　　　　B. 房屋建设单位

C. 建设(房地产)主管部门　　　　　　D. 业主大会

5. 代收代管单位在保证住房专项维修资金正常使用的前提下,可以按照国家有关规定和业主大会的决定,将住房专项维修资金用于购买( )。

A. 基金　　　B. A 股股票　　　C. 国有企业债券　　　D. 一级市场国债

6. 在售后公有住宅专项维修资金规定中,售房单位交存的住房专项维修资金,( )从售房款中一次性提取。

A. 多层住宅按照售房款的 20%　　　　B. 高层住宅按照售房款的 40%

C. 多层住宅按照售房款的 30%　　　　D. 高层住宅按照售房款的 20%

7. 关于住宅专项维修资金的使用,下列说法错误的是( )。

A. 住房专项维修资金的使用,应当遵循方便快捷、公开透明、受益人和负担人一致的

原则

B. 开发建设单位或者公有住房售房单位应当按照尚未售出商品住房或者公有住房的建筑面积,分摊住房共用部位、共用设施设备的维修、更新和改造费用

C. 代收代管单位在保证住房专项维修资金正常使用的前提下,可以按照有关规定和业主大会的决定,将住房专项维修资金用于购买一级市场国债

D. 代收代管单位可以将住房专项维修资金用于购买股票和公司债券

二、填空题

1. 商品住宅房屋所有权转让时,( )应当向受让人说明住房专项维修资金交存和结余的情况,该房屋分户账中结余的住房专项维修资金随房屋所有权同时过户。

2. 住宅专项维修资金是指专项用于( )、( )保修期满后的维修和更新、改造的资金。

3. 住宅专项维修资金管理实行( )、( )、( )、( )的原则。

4. 住宅专项维修资金的使用应当遵循( )、( )、( )和( )相一致的原则。

5. 业主交存的住宅专项维修资金属于( )所有。

6. 住宅专项维修资金列支范围内专有部分占建筑物总面积( )以上的业主且占总人数( )以上的业主讨论通过使用建议。

三、判断题

1. 住房专项维修资金的使用,应当遵循方便快捷、公开透明、受益人和负担人相一致的原则。 ( )

2. 开发建设单位或者公有住房售房单位应当按照尚未售出商品住房或者公有住房的建筑面积,分摊住房共用部位、共用设施设备的维修、更新和改造费用。 ( )

3. 代收代管单位在保证住房专项维修资金正常使用的前提下,可以按照国家有关规定和业主大会的决定,将住房专项维修资金用于购买一级市场国债。 ( )

4. 代收代管单位可以将住房专项维修资金用于购买股票和公司债券。 ( )

5. 依法应由建设单位承担的住房共用部位、共用设施设备维修、更新和改造费用可以从住宅专项维修资金中列支费用。 ( )

四、简答题

1. 物业服务企业挪用住房专项维修资金的法律责任有哪些?

2. 简述业主委员会成立前住宅专项维修资金的使用流程。

【实训任务】物业管理费的测算

物业管理服务费用成本测算

姓名：　　　　　　班级：　　　　　　学号：

项目名称：

物业收费面积大概为＿＿＿＿＿＿平方米。

你们所调查的项目大概需要配备员工＿＿＿＿＿＿人,其中男员工大约＿＿＿＿＿人,女员工大约＿＿＿＿＿人。

1. 人工费

(1)工资(表1)。

表1　工资

序号	岗位名称	人数	月工资/元	备注
1	项目经理	1		
2	工程主管	1		
3	工程专员	9		
4	客服经理	1		
5	客服专员	3		
6	环保部主管	1		(负责保洁和绿化)
7	保洁员	18		
8	保安主管	1		
9	保安	9		
10	绿化工	3		
11	财务主管	1		
12	会计	1		
13	出纳	1		
合计				

（2）五险一金（表2）。

表2 五险一金

序号	项目名称	提取比例/%	月工资总额/元	月提取额/元
1	养老	20		
2	医疗	8		
3	失业	2		
4	工伤	0.5		
5	生育	0.7		
6	住房公积金	7		
合计				

注：不考虑社会平均工资因素，均按员工的实际工资缴纳。

（3）福利费（表3）。

表3 福利费

序号	项目名称	提取比例/%	月工资总额/元	月提取额/元
1	福利基金	14		
2	工会经费	2		
3	教育经费	1.5		
合计				

（4）加班费（按人均加班3天计算）（表4）。

表4 加班费

序号	项目名称	月工资总额/元	月总提取额/元
1	加班费		

（5）服装费及洗涤费（表5）。

表5 服装费和洗涤费

序号	服装类别	人数	单价/(元·套⁻¹)	月发生额/元	洗涤费/元	月发生额/元	备注
1	夏装						每两年更换一次
2	冬装						
合计							

（6）伙食、住房、交通及通信补贴（表6）。

表6　伙食、住房、交通及通信补贴

序号	补贴类别	人数	补贴金额/(元·人·月$^{-1}$)	月发生额/元	备　注
1	伙食				
2	住房				
3	交通				
4	通信				
合计					

2.物业共用部位、共用设施设备运行维护费（表7）

表7　物业共用部位、共用设施设备运行维护费

序号	项目名称	月发生额/元	备　注
1	共用部位维修保养费		
2	给排水设备运行维护费		
3	电气系统设备运行维护费		
4	燃气系统设备运行维护费		
5	消防系统设备运行维护费		
6	公共照明运行维护费		
7	易损件更新准备费		
8	不可预见费		按1—6项之和的8%提取
合计			

3.清洁卫生费（表8）

表8　清洁卫生费

序号	项目名称	月发生额/元	备　注
1	用具购置费		
2	劳保用品费		
3	卫生防疫消杀费		
4	化粪池清理费		
5	垃圾处理费		
6	其他费用		
合计			

4. 绿化养护费 (表 9)

表 9　绿化养护费

序号	项目名称	月发生额/元	备　注
1	用具购置费		
2	劳保用品费		
3	绿化用水费		
4	农药化肥费		
5	杂草清运费		
6	景观再造费		
合计			

5. 公共秩序维护费 (表 10)

表 10　公共秩序维护费

序号	项目名称	月发生额/元	备　注
1	安保器材购置维护费		
2	安保人员人身保险费		
3	安保用房及其他费用		
合计			

6. 办公费 (表 11)

表 11　办公费

序号	项目名称	月发生额/元	备　注
1	交通费		
2	通信费		
3	低值易耗办公用品费		
4	社区文化宣传费		
5	报刊费		
6	其他费用		
合计			

7. 固定资产折旧费 (表 12)

表 12　固定资产折旧费

序号	项目名称	月发生额/元	备　注
1	交通工具		

续表

序号	项目名称	月发生额/元	备 注
2	通信设备		
3	办公设备		
4	工程维修设备		
5	其他设备		
合计			

8. 保险、税费及其他

（1）物业共用部位、共用设施设备及公众责任保险费每月大约 _____ 元。

（2）业主同意其他费用每月 _____ 元。

（3）物业服务企业的利润率为8%。

（4）法定税费（表13）。

表13 法定税费

序号	税种	比例税率/%	月完税额/元	备 注
1	增值税			
2	城建税			该项目位于_____
3	教育费附加			含中央及地方
合计				

9. 小区多种经营收入的补贴

（1）停车费收入补贴；

（2）维修养护基金利息的补贴。

上述二项之和为：_____。

10. 最后计算结果

该项目物业管理费为_____元/月·平方米。

项目五
智能化物业管理

项目目标：

理解智能化物业的概念；

认识智能化物业设备管理在物业智能化管理中的重要地位；

理解智能化物业管理的质量目标、财务目标和供给目标；

理解智能化物业设备的自然寿命、技术寿命和经济寿命；

了解设备故障理论；

熟悉智能化物业设备前期、中期、后期管理的工作程序和工作内容。

任务一 智能化物业管理认知

任务目标:
- 了解智能化物业的组成和概念;
- 掌握智能化物业管理的概念和特征;
- 理解智能化物业管理的技术基础;
- 了解智能化物业管理的任务、目标、内容和重点。

一、单选题

1.近年发展起来的楼宇自控系统是(　　)系统。

A.基地式气动仪表控制　　　　　　　　B.电动单元组合仪表控制

C.数字控制　　　　　　　　　　　　　D.现场总线控制

2.网络集线器属于(　　)。

A.管理区子系统　　　　　　　　　　　B.设备间子系统

C.垂直干线子系统　　　　　　　　　　D.建筑群干线子系统

3.智能建筑系统的组成按其基本功能分为三大块,即"3A"系统,其中 OAS 是指(　　)。

A.楼宇自动化系统　　　　　　　　　　B.办公自动化系统

C.通信自动化　　　　　　　　　　　　D.保安自动化系统

4.使传感器得到的电信号转变为标准信号的装置是(　　)。

A.控制器　　　　B.变送器　　　　　　C.阀门　　　　　　D.电执行机构

5.综合布线系统最根本的特点是(　　)。

A.开放性　　　　B.灵活性　　　　　　C.扩展性　　　　　D.独立性

6.为了实现综合布线系统的可靠性,每条信息道都采用物力(　　)拓扑结构。

A.线形　　　　　B.环形　　　　　　　C.星形　　　　　　D.树形

7.视频信号通信系统传输介质使用(　　)。

A.光缆　　　　　B.铜缆　　　　　　　C.同轴电缆　　　　D.双轴电缆

8.配线子系统是指(　　)。

A.管理间子系统　　　　　　　　　　　B.水平区子系统

C.垂直干线子系统　　　　　　　　　　D.设备间子系统

9.(　　)将每层楼的通信层与本大楼的设备间连接起来。

A.干线子系统　　　　　　　　　　　　B.水平区子系统

C.设备间子系统　　　　　　　　　　D.建筑群设备子系统

10.不属于建筑布线方法的是(　　　)。

A.架空布线法　　　B.管道布线法　　　　C.托架布线法　　　　D.直埋布线法

二、多选题

1.建筑电气一般由(　　　)组成。

A.计算机系统　　　　　　　　　　　B.用电设备

C.配电线路　　　　　　　　　　　　D.控制和保护设备

2.智能建筑系统的组成按其基本功能可分为三大块,即"3A"系统包括(　　　)。

A.智能建筑自动化系统　　　　　　　B.办公自动化系统

C.通信自动化系统　　　　　　　　　D.信息自动化系统

3.传统的布线系统的特点是(　　　)。

A.不同应用系统的布线各自独立

B.不同的设备采用不同的传输线缆构成各自的网络

C.连接线缆的插座的结构和生产标准不同

D布线系统存在大差异,难以互换、通用

4.有关综合布线系统的说法正确的是(　　　)。

A.可以在综合布线系统管理间进行跳线管理来适应不同的网络结构

B.终端设备位置改变时,需要改变布线

C.终端设备位置改变时,只需进行跳线管理

D.终端设备位置改变时,不需要改变布线

5.综合布线系统产品由(　　　)器件构成。

A.传输介质　　　　　　　　　　　　B.交叉/直接连接设备

C.介质连接设备　　　　　　　　　　D.适配器、传输电子设备

6.智能建筑是(　　　)技术的结晶。

A.计算机网络　　　B.现代通信　　　　C.自动控制　　　　D.建筑

三、判断题

1.所谓"3C＋A"技术中的"A"是指建筑自动化技术。　　　　　　　(　　)

2.智能化物业是指拥有集成的楼宇自动化控制系统与现代通信网络设施。(　　)

3.智能建筑是根据事先给定的功能要求,完成其建筑与结构设计。　　(　　)

4.节省能源是智能建筑的主要特点之一。　　　　　　　　　　　　(　　)

5.拓扑结构是指综合布线的网络结构。　　　　　　　　　　　　　(　　)

6.综合布线系统的模块化是指系统的接插元件采用积木式结构,可以进行更换插拔。

(　　)

四、名词解释

1.智能化物业

2. 总线控制

3. 集散控制

五、简答题

1. 物业管理信息系统包括哪些部分？

2. 智能化物业管理的重点工作包括哪些？

六、论述题

试论述智能化物业管理的目标。

任务二 智能化物业设备管理

任务目标：
- 了解智能化物业设备管理的基础理论；
- 掌握智能化物业设备基础管理的内容；
- 掌握智能化物业设备前期管理的内容；
- 掌握智能化物业设备中期管理的内容；
- 掌握智能化物业设备后期管理的内容。

一、单选题

1. 现代物业智能化设备管理的目标是（   ）。

A. 技术管理   B. 维修管理

C. 日常管理   D. 设备在寿命周期内经济性最好

2. 设备从投入使用直到由于技术落后而被淘汰所经历的整个时间称为（   ）。

A. 自然寿命   B. 经济寿命   C. 技术寿命   D. 周期寿命

3. 现代设备管理理论将（   ）作为管理目标。

A. 对设备进行使用期内的维修管理,通过一系列维修措施保证设备在使用过程中的有效性和可靠性

B. 保证设备在使用过程中的有效性和可靠性的同时追求最小的维修费用

C. 设备在寿命周期内经济性最好

D. 设备在寿命周期内维修费用最小

4. 某年某地区市场上推出新型计算机,其性能更完善,价格更低,于是某物业服务企业于该年上半年3—5月集中更换了大批计算机,这主要是由设备的（   ）造成的。

A. 一类有形磨损   B. 二类有形磨损

C. 一类无形磨损   D. 二类无形磨损

5. 智能化物业设备前期管理的工作程序主要借鉴了（   ）管理模式。

A. PDCA   B. ZD   C. 智慧型组织   D. 制度化

6. 更换容易、维修费用较低的劣化型故障的零部件常用（   ）方式。

A. 事后维修   B. 预防维修   C. 状态监测维修   D. 无维修设计

二、计算题

某物业服务企业一台智能设备的原值为120万元,预计使用5年,报废时净残值率为

4%,请分别用年限平均法、双倍余额递减法与年数总和法计算各年的折旧额。

三、名词解释

1. 经济寿命

2. 浴盆曲线

3. 年费用比较法

四、简答题

1. 简述事后维修、预防维修、状态监测维修和无维修设计的优缺点和适用对象。

2. 简述设备大修的经济评价。

3.哪些设备可作报废处理?

五、论述题

浅谈智能化住宅小区的物业管理存在的问题及解决方法。

【实训任务】设计"互联网＋"现代物业服务项目

实训内容:

(1)通过现场参观调研形式,了解某新建物业项目的基本情况,对其进行描述。

(2)结合客户需求和现代物业服务产品的内容,寻找一项社区养老物业服务产品,并结合互联网对该物业服务产品进行规划设计。

附:

社区养老服务需求调查问卷

您好:为了解老年群体对社区居家养老模式的需求状况,完成实践课程,特在贵小区开展此项调查。本次调查只需要耽误您几分钟的时间,衷心感谢您的参与。(说明:请在每一个问题后适合自己的答案上打"√"或者在"_____"处填上适当的内容,填答时希望您能注意题目后的说明,谢谢!)

1.您的性别?

A.男　　　　　　B.女

2.您的年龄?

A.60~65 岁　　B.66~70 岁　　　　C.71~75 岁

D.76~80 岁　　E.80 岁以上

3.您的文化程度?

A.未上过学　　B.小学　　　　　　C.初中

D.高中(中专)　E.本科(大专)以上

4.您目前的婚姻状况?

A.有老伴　　　　　　　　　　B.老伴已过世

C.离异　　　　　　　　　　　D.无婚姻经历

5.您现在的居住情况?

A.自己单住　　B.夫妻同住　　　C.和子女或成年孙辈一起住

D.和未成年孙辈一起住　　　　　E.其他_____

6.您现在的日常起居生活主要由谁照顾?【可多选】

A.自己　　　　B.老伴　　　　　C.儿女子孙或其他亲属

D.保姆/钟点工　E.邻里帮助　　　F.其他_____

7.您现在是否有医疗保险?

A.有,农村医疗保险　　　　　　B.有,城镇医疗保险

C.有,其他商业医疗保险　　　　D.没有

8.您当前生活经济来源主要是哪里?【可多选】

A.退休金(养老保险金)　　　　　B.股份红利或房屋租金等

C.子女赡养　　D.老伴供养　　E.低保　　　　F.自己劳动所得

G.政府有关福利补助　　　　　　H.其他_____

9.您觉得自己目前的身体健康状况怎么样?

A.较差,完全需要别人照顾

B.一般,有些事情需要别人照顾

C.较好,一般不需要别人照顾

D.很好,还可以照顾别人

10.您所在社区是否为老年人提供以下义工服务?【可多选】

A.做饭　　　　B.洗衣物　　　　C.打扫卫生

D.护理　　　　E.洗澡　　　　　F.陪送看病

G.购物　　　　H.聊天、谈心、读书(报)

I. 其他_____　　　　　　　　　J. 目前没有

11. 请问您对当前所在社区为老年人提供的养老服务项目满意吗?

A. 满意　　　　　B. 说不清楚　　　　　C. 不满意

12. 下面哪些方面使您目前感觉较为困扰?【可多选】

A. 经济困难　　　　　　　　　　　　B. 起居生活、饮食卫生无人照料

C. 自己/老伴身体不好,多有疾病　　D. 和子女关系不好

E. 娱乐文化活动太少,感觉寂寞无聊　F. 家务事情繁重

G. 为后代的事情操心　　　　　　　　H. 住房困难

I. 外出不便　　　　　　　　　　　　J. 医疗康体活动不方便

K. 其他　　　　　　　　　　　　　　L. 无

13. 您感觉您在平时生活中急需哪些养老服务项目?【可多选】

A. 生活照料(诸如洗衣做饭、打扫卫生、买菜购物、洗澡穿衣、陪同外出等)

B. 医疗保健

C. 日托服务(如日托站等)

D. 紧急救助

E. 休闲娱乐活动

F. 老年人学习培训

G. 参与社会活动

H. 心理护理(聊天解闷、心理开导等)

I. 身体锻炼

J. 其他_____

14. 您所在的小区有哪些公共设施?【可多选】

A. 健身器材　　　B. 医院　　　　　C. 老年人活动中心

D. 养老院　　　　E. 其他_　　　　　F. 目前没有

15. 您现在更倾向于哪一种养老方式?

A. 家庭养老(主要由家庭成员提供日常照料)

B. 机构养老(老年公寓、敬老院等)

C. 社区居家养老(居住在家里,社区可以提供生活照料、家政、医疗保健等服务)

D. 其他

16. 从总体上来讲,您如何评价当前的老年生活状况?

A. 非常满意　　　B. 基本满意　　　　C. 说不清楚

D. 不满意　　　　E. 非常不满意

17. 您是否需要物业提供上门照顾老人的一系列服务?

A. 料理老人生活,为老人提供生活照料

B. 增加老人娱乐设施,诸如老年娱乐室、老年阅览室、老年文化站、老年俱乐部等

C. 提供老年人家庭护理照料

D. 其他_____

参考文献

[1] 袁艳烈.物业企业9大部门精细化管理与考核大全[M].北京:人民邮电出版社,2014.

[2] 黄光宇.物业管理实务[M].2版.大连:大连理工大学出版社,2016.

[3] 张作祥.物业管理实务[M].3版.北京:清华大学出版社,2014.

[4] 中国物业管理协会培训中心.物业管理实务[M].北京:中国建筑工业出版社,2007.

[5] 王怡红.物业管理实务[M].北京:北京大学出版社,2010.

[6] 孙惠萍.物业管理概论[M].北京:中国传媒大学出版社,2010.

[7] 于学军,朱宇轩.物业管理实务[M].北京:北京理工大学出版社,2012.

[8] 鲁捷.物业管理实务[M].北京:机械工业出版社,2012.

[9] 苏宝炜,李薇薇.互联网+:现代物业服务4.0[M].北京:中国经济出版社,2016.

[10] 刘昭如,张树平.房屋建筑学[M].北京:中国建筑工业出版社,2006.

[11] 刘宇,张崇庆.房屋维修技术与预算[M].北京:机械工业出版社,2010.

[12] 史华.物业设备维修与管理[M].大连:大连理工大学出版社,2009.

[13] 曹俊超,戴克商.物资管理理论与实务[M].北京:清华大学出版社,北京交通大学出版社,2006.

[14] 刘力.建筑智能化设备管理与维护[M].北京:中国建筑工业出版社,2014.

[15] 田园.智能化物业管理概论[M].北京:清华大学出版社,北京交通大学出版社,2010.